LO QUE LA GENTE DICE ACERCA DE *UNA FE VERDADERA*

¡Lea este libro con una Biblia abierta y un corazón expectante!

—DEL PREFACIO POR LUIS PALAU.
EVANGELISTA DE RENOMBRE MUNDIAL, PRODUCTOR RADIAL Y AUTOR DE *DEJE DE APARENTAR*

Con experiencias de la vida real y discernimiento, Dan Owens indaga el libro de Santiago con pasión y cuidado. Como el mismo libro de Santiago, no hay endulzamiento en estas páginas; es crudo, real y relevante. Nosotros, la iglesia, ¡necesitamos despertar! Las palabras de Dan nos animan no sólo a abrazar la verdad, sino a vivirla con fuerza.

—DAVID M. EDWARDS
ARTISTA DE ADORACIÓN Y AUTOR DE *ADORACIÓN 365: EL PODER DE UNA VIDA DE ADORACIÓN*

Autenticidad es la defensa más fuerte del cristiano contra la acusación que hace el mundo acerca de la hipocresía. Dan Owens ha captado con claridad, sabiduría y gracia el camino hacia el cristianismo auténtico como lo revela el libro de Santiago. Debe ser leído por todo cristiano.

—DR. RICH ROLLINS
PASTOR PRINCIPAL, IGLESIA BÍBLICA DEL VALLE, HERCULES, CALIFORNIA

¡El libro de Dan Owens me dejó anticipando el próximo! ¡Tome una silla, lápiz y un corazón abierto para devorarlo! Dan Owens llenará su corazón y mente con una fe que está abastecida para la jornada.

—SCOTT DAWSON
AUTOR DE *LA GUÍA COMPLETA DE EVANGELIZACIÓN*

Una fe verdadera *ofrece un mensaje fuerte a aquellos que deseamos conocer al Señor mucho mejor… más profundamente. Dan Owens nos ha bendecido con una colección de pensamientos para meditar y absorber mientras continuamos nuestro caminar con Dios.*

—GREG POTZER
DIRECTOR DE THIS DAY'S THOUGHT

Dan Owens abre el libro de Santiago para ayudarnos a responder la pregunta más importante de nuestras vidas: ¿Somos o no auténticos seguidores de Jesucristo? En este simple, aunque profundo trabajo, Owens ofrece un discernimiento práctico para el reto de vivir en el mundo, pero no ser del mundo. Una fe verdadera *nos recuerda, a través de las palabras apasionadas de Santiago, que la verdadera felicidad no se encuentra dentro de los planes que hacemos por nosotros mismos, más bien se encuentran en el entendimiento y aceptación del propósito de Dios en nuestras vidas.*

—THEO CHALGREN
PRODUCTOR EJECUTIVO DE HONEST TO GOD! MEDIA

En Una fe verdadera*, Dan Owens les pone zapatos de suela a las palabras de Santiago y traslada el eterno tema bíblico de la fe cristiana auténtica al siglo XXI, sin comprometer el significado original con la intención de hacerlo encajar en la cultura posmodernista. Owens trae verdad a la vida de una manera relevante, entendible y, fundamentalmente, transformadora.*

—JOCELYN C. GREEN
CONTRIBUYENTE DE VIDA DE ALTA DEFINICIÓN, EDICIÓN DE ESTUDIANTE

Disfruté realmente el libro de Owens. Él tiene un estilo divertido y accesible, lleno de historias de la vida real que cautivan al lector. Owens tiene la habilidad de preservar la intensidad del mensaje retador de Santiago, mientras lo entrega a través de un canal que demuestra el amor de Dios, y lo hace práctico para la vida en el mundo de todos los días.

—STEVE THOMASON
DIRECTOR, HART HAUS

Una fe verdadera *¡trae el libro de Santiago a la vida! Con un estudio cuidadoso, ilustraciones relevantes y aplicación práctica, Dan Owens ha abierto las Escrituras de una manera fresca. Léalo. Échele mano al reto y viva una fe que es real.*

—JOE ZAYAS
AUTOR DE GETTING YOUR FAITH OFF THE GROUND

Si vamos a ganar a nuestro mundo para Cristo, entonces aquellos que necesitan experimentar el evangelio deben ver unos seguidores de Cristo auténticos—y no cristianos híbridos—en cada uno de los que clamamos su nombre. Dan Owens nos da una aplicación útil desde el libro más práctico de la Biblia para retarnos a movernos más allá de un cristianismo fingido, y a seguir a Jesucristo de todo corazón. Este libro debe estar en la lista de lectura requerida para todo aquel que quiera un caminar genuino con Dios.

—REV. J.R. WHITBY

PRESIDENTE Y DIRECTOR GENERAL DE GOSPEL COMMUNICATIONS INTERNATIONAL

Si está buscando discernimiento práctico y principios transformadores de vida ilustrados por un autor que vive la fe auténtica y que sea escrito en un estilo de fácil lectura, entonces Una fe verdadera *es el libro que le inspirará.*

—DR. DONALD BRAKE

VICEPRESIDENTE Y DECANO DEL SEMINARIO BÍBLICO MULTNOMAH

Una fe verdadera *es práctico, enérgico y útil; muy parecido al propio libro de Santiago. Cuando vine a Cristo, Santiago fue el primer libro del Nuevo Testamento que leí. Esas palabras ferozmente pragmáticas cambiaron mi vida. Hasta el día de hoy, casi cada vez que leo la Escritura públicamente, concluyo con la admonición y oración: "seamos más que meros oidores de la Palabra, sino también hacedores". Eso, por supuesto, es lo que hace real la fe.*

—KEITH POTTER

PASTOR PRINCIPAL, IGLESIA FEDERADA SARATOGA

Una fe verdadera

DANIEL OWENS

CASA
CREACIÓN
A STRANG COMPANY

La mayoría de los productos de Casa Creación están disponibles a un precio con descuento en cantidades de mayoreo para promociones de ventas, ofertas especiales, levantar fondos y atender necesidades educativas. Para más información, escriba a Casa Creación, 600 Rinehart Road, Lake Mary, Florida, 32746; o llame al teléfono (407) 333-7117 en Estados Unidos.

Una fe verdadera por Daniel Owens
Publicado por Casa Creación
Una compañía de Strang Communications
600 Rinehart Road
Lake Mary, Florida 32746
www.casacreacion.com

Traducido por Luis Nahum Sáez
Diseño interior por: Hilda M. Robles

Library of Congress Control Number: 2007943381
ISBN: 978-1-59979-040-4

Impreso en los Estados Unidos de América
08 09 10 11 * 6 5 4 3 2 1

A la familia de la Iglesia Fair Oaks, que me permitió expresar mis pensamientos y sentimientos con transparencia y confianza. A través de ustedes, el Señor me ayudó a cimentar mi fe y Jesús se hizo más real para mí. Gracias.

AGRADECIMIENTOS

Me gustaría expresar mi profunda gratitud a la Iglesia Fair Oaks, donde tuve el privilegio de presentar por primera vez los mensajes transformadores de vida presentados en este libro.

Mi agradecimiento de todo corazón a Carl Dawson, que ha sido un "Bernabé" en nuestro ministerio *Eternity Minded Ministries* alrededor del mundo. Carl, tu arduo trabajo, dedicación y fe genuina han sido una inspiración para mí.

Gracias a Karen Weitzel por escribir el primer borrador de mi manuscrito, ¡no es tarea fácil! Mis sinceras gracias a David Sanford, presidente de Sanford Communications, Inc., quien ayudó a convertir mi sueño de publicar en una realidad. También agradezco en forma especial a las editoras asociadas de SCI: Elizabeth Ries Jones y Elizabeth Honeycutt, que ayudaron a pulir cada capítulo y añadieron las preguntas de aplicación.

Finalmente, quiero agradecer a Craig Bubeck, que creyó en el mensaje de este libro y me animó a escribirlo. Craig, realmente estoy esperando con ansias trabajar contigo en varios libros más en un futuro cercano.

Mi oración es que este libro enriquezca la fe de muchos miles de lectores para la gloria, honra y alabanza de Dios.

Contenido

Prólogo

Por Luis Palau

¿Está usted listo para ser genuino?

Me gusta animar a otros cristianos a abrazar una fe más auténtica en Jesucristo. Claro, como evangelista mi pasión es ganar tantas almas para Jesucristo como sea posible. Ese es el llamado que Dios me ha dado. Pero, venir a Jesucristo es sólo el principio. ¡Dios tiene guardado mucho más para cada uno de sus hijos!

¿Qué le impide a usted ser real? ¿Las expectativas de otros? ¿Sus propios deseos?

Dios no nos pide que hagamos un teatro y nos pongamos una máscara como si fuéramos "buenos" cristianos. Esta vida no consiste en ser perfectos. En lugar de depender de nuestros esfuerzos humanos para vivir la vida cristiana, usted y yo tenemos el privilegio de permanecer en Jesucristo y permitirle que haga su trabajo a través de nosotros. ¡Jesucristo y el Espíritu Santo son las dádivas de Dios para vivir esta vida!

Usted y yo sólo podemos disfrutar de una vida auténtica cuando nos quitamos nuestras máscaras y permitimos a Jesucristo que nos convierta en el tipo de personas que quiere que seamos. Permitir que nuestras debilidades se manifiesten da un nuevo significado al versículo: "Cuando soy débil, entonces soy fuerte" (2 Corintios 12:10). Sólo podemos propagar la fragancia de Cristo cuando vivimos nuestro caminar cristiano de manera que el mundo pueda ver quién es Él a través de nosotros.

He visto esta verdad demostrada claramente cuando he sostenido conferencias para jóvenes líderes cristianos. Usted pensaría que ellos están deseosos de escuchar los grandes "secretos del éxito". Pero, ¿sabe usted qué es lo que más los anima? La misma cosa que probablemente lo anima a usted: escuchar que tengo luchas, así como ellos; saber que yo también tengo (no sólo que puedo, sino que ¡tengo!) que depender completamente de Dios para que me ayude a través de mis altos y bajos, mis decepciones y fracasos. Ellos ven que Dios nunca me recompensa por hacer un buen teatro a la perfección. En vez de eso, me usa en y a través de mis debilidades.

Como soy sincero con esos hombres y mujeres jóvenes, ellos confían en que ser verdaderos, con manchas y todo, no los hace menos útiles para Dios. En realidad, ser auténticos en cuanto a nuestras fallas abre el camino para que Dios trabaje verdaderamente en y a través de nosotros. La autenticidad y la humildad van de la mano. Dios se deleita en levantar y bendecir al humilde.

No tenemos que pretender que Jesucristo vive en nosotros: Él vive en nosotros. No tenemos que ponernos una cubierta bonita que luzca espiritual. Cuando vivimos honesta y transparentemente en la gloria habitable de Cristo, la gente va a ver nuestras debilidades. Pero también verán más allá de nuestras debilidades y presenciarán la realidad de Jesús en nuestras vidas.

El magnífico, maravilloso y poderoso libro de Santiago urge a los cristianos a abrazar una fe más auténtica. El libro de mi buen amigo Dan Owens lo retará a usted a hacer lo mismo.

¡Lea este libro con una Biblia abierta y un corazón en expectación!

Luis Palau es un evangelista de renombre mundial, productor radial y autor de Deje de Aparentar *(NexGen, Cook Communications, 2003).*

Introducción

¿Qué molesta a Santiago?, el medio hermano de Jesús. Aun con una rápida lectura del libro de la Biblia que lleva su nombre, uno no puede escapar del tono apasionado y el lenguaje franco con el que este apóstol se comunica con su audiencia. Su fervor inunda las páginas, transmitiendo una intensidad corroborada por su amor por la gente a la que se está dirigiendo y su deseo de que vivan como verdaderos seguidores de Dios.

Ciertamente, Santiago no está emanando cálidos sentimientos. ¡Hacer sentir bien al lector no es su preocupación principal! Santiago formula veinte preguntas poderosas y pronuncia cerca de cincuenta imperativos recordando a los cristianos las acciones apropiadas y las respuestas de los creyentes en Jesucristo. La cadena de advertencias e incentivos que Santiago ofrece, nos ayuda a descubrir qué es lo que le molestaba.

Su preocupación, en una palabra, es el fingimiento. Repetidamente, advierte a los cristianos que revisen sus vidas para ver si su fe es verdadera o si están simplemente fingiendo.

Estos cristianos judíos a quienes el apóstol escribió su carta fueron contemporáneos de Jesús. Ellos habían caminado a su lado, habían escuchado su enseñanza y lo habían visto realizar milagros. Muchos de ellos presenciaron su muerte, resurrección y ascensión al cielo. Ellos entendieron quién era Jesús y confiaron en Él como Mesías. Llegaron a ser los primeros creyentes, la primera Iglesia. Sin embargo, en tan poco tiempo como diez a treinta años más tarde, estos creyentes de la primera generación no estaban viviendo como seguidores de Jesucristo.

Aun cuando clamaban el nombre de Cristo, la Iglesia del primer siglo se condujo como el mundo que la rodeaba; dando tratamiento preferencial al adinerado, mostrando indiferencia al pobre, permitiendo el lenguaje incontrolado, desplegando un espíritu crítico, aferrándose a su ambición egoísta, escuchando la sabiduría mundana. Santiago usa su carta para advertir a los cristianos de la Iglesia primitiva acerca de los peligros de un cristianismo falso, de permitir que la sociedad dicte lo que ellos deben hacer y cómo deben comportarse.

Parece que estuviera diciendo: "Ustedes fueron testigos de los más grandes acontecimientos de la historia: la muerte, resurrección y ascensión del Hijo de Dios. Jesús murió por sus pecados, ustedes confiaron en Él para que los salvara y proclaman que son sus seguidores. ¿Cómo, entonces, pueden amar al mundo así? ¿No saben que la amistad con el mundo es enemistad con Dios?"

Su preocupación hace eco de las palabras de Jesús registradas en lo que ahora se conoce como el Sermón del Monte:

> No todo el que me dice: Señor, Señor, entrará en el reino de los cielos, sino el que hace la voluntad de mi Padre que está en los cielos. Muchos me dirán en aquel día: Señor, Señor, ¿no profetizamos en tu nombre, y en tu nombre echamos fuera demonios, y en tu nombre hicimos muchos milagros? Y entonces les declararé: Nunca os conocí; apartaos de mí, hacedores de maldad (Mateo 7:21-23).

La primera vez que viajé a Singapur, a la invitación de líderes cristianos de esa nación, pasé algún tiempo paseando y visité uno de sus famosos centros comerciales. Desde el momento en que entré hasta el que salí, me mantuve escuchando una pequeña frase: "Imitación de reloj".

Descubrí que muchos comerciantes vendían copias de relojes Rolex. Réplicas exactas y hermosísimas de un Rolex de cuatro mil dólares, pero estos costaban de veinticinco a treinta dólares. Por ese dinero, el comprador recibe no solo un reloj que luce muy bien, sino también una cajita inscrita con el logo de Rolex y un certificado de autenticidad. El único problema es que el reloj no es genuino. Es una falsificación y la compañía Rolex no honra ninguna garantía sobre ese reloj porque no es de ellos. Es una "imitación de reloj".

Rolex valora la autenticidad en sus relojes. ¿Cuánto más valora Dios el cristianismo auténtico en sus seguidores? Dios quiere que examinemos nuestras vidas para asegurarnos de que nuestra fe no es una imitación. Nuestra religión falsa luce bien por fuera, llevando orgullosamente nuestro logo de cristiano en nuestros cuellos, asistiendo a la iglesia cada domingo y llevando por todas partes nuestro certificado de autenticidad: la Biblia. Pero, ¿qué están diciendo realmente nuestras vidas? ¿Estamos simplemente fingiendo?

Pienso que si Santiago estuviera aquí hoy, diría que muchos cristianos en los Estados Unidos son "imitación de cristianos". Él sacaría su computadora, escribiría la misma carta y la enviaría por correo electrónico a todas las iglesias a lo largo del país. Las palabras fuertes que pronunció para sus contemporáneos son igual de relevantes para nosotros hoy.

El autor Charles Templeton dijo acerca de los Estados Unidos de América: "Las estadísticas revelan una nación cada vez más cristiana. La noticias revelan un paganismo en aumento".[1]

Aproximadamente el 85 por ciento de estadounidenses se identifican a sí mismos como cristianos, de acuerdo a las encuestas de Gallup y Barna.[2] Pero, ¿cuántos siguen verdaderamente las enseñanzas de Jesucristo? Con toda la gente que va a la iglesia los domingos en la mañana y declaran ser seguidores de Jesús, ¿por qué no estamos viendo un impacto mayor en nuestra propia sociedad? Me atrevo a decir que si la mitad de los que proclaman el cristianismo lo vivieran en realidad, nuestra nación sería cambiada dramáticamente y, aun más importante, nuestras vidas serían alteradas drásticamente.

El autor y teólogo C.S. Lewis llamó a las personas cuyas vidas no han sido cambiadas por Cristo, "cristianos híbrido". Al añadir la palabra *cristiano* a cualquier cosa que hagan—no importa si es moral o inmoral, decente o indecente—, piensan que Dios los bendecirá y que todo va a terminar bien.

Leí un artículo acerca de una mujer de Texas que se llamaba a sí misma "bailarina cristiana desnuda". Ella decía: "Eso es lo que yo hago para la gloria de Dios". ¡Eso es lo que se llamaría un cristiano híbrido!

Sin embargo, muchos de nosotros nos comportamos de manera similar. Decimos: "Sí, soy seguidor de Jesús, pero este pecado en particular es parte de lo que soy. Jesús puede usarme aunque maldiga ocasionalmente o engañe a mi jefe y tome unos minutos de más en mi tiempo de descanso o trate irrespetuosamente al pobre. Así es la vida simplemente y Dios lo entiende". Tendemos a tomar cualquier cosa que queremos hacer, cualquiera sea la manera en que elijamos vivir, cualesquiera sean los defectos de nuestra personalidad, y le añadimos la palabra cristiano. Creemos que eso hace que todo esté bien.

Mi hermano, mi hermana, existe gran peligro al pensar y actuar de esta manera. D.L. Moody, el gran evangelista, dijo que los cristianos son como barcos en mar abierto tratando de mantenerse a flote. Flotamos en el mar del mundo y el mundo comienza a filtrarse en el barco, comenzamos a cambiar. Si mucho del mundo inunda nuestro barco, comenzamos a hundirnos.

Esta es la razón por la cual Santiago se expuso tan apasionadamente en este libro. Él vio la mundanalidad deslizarse dentro de la iglesia. Observó a los cristianos llamándose a sí mismos una cosa y actuando como otra. El fingimiento le preocupaba grandemente.

Santiago sabía que ser un discípulo de Jesucristo era más que darse a sí mismo un nombre o asociarse con ciertas personas. Este punto de vista también lo sostenían otros discípulos de Cristo, como vemos en 1 Juan 2:5-6: "Por esto sabemos que estamos en él. El que dice que permanece en él (esto es, en Cristo), debe andar como él anduvo".

La palabra *andar* en este pasaje significa literalmente "un curso habitual de vida". Esto no es para decir que nunca vamos a fallar. Pero, como rutina consecuente debemos revisar nuestro hablar, nuestras acciones, nuestros pensamientos y nuestras respuestas, comparándolos a la manera en que Jesús hablaría, actuaría, pensaría y respondería. Entonces corregiremos aquellas áreas que no están a la altura. Si andamos por la vida sin pensar dos veces en lo que Jesús haría, nos dirigimos al desastre. Nuestro barco está haciendo agua y nos vamos a hundir.

Afortunadamente, Dios nos advierte cuando estamos a bordo de un barco que se va a hundir. A través de la estimulación de su Espíritu Santo, Él gentilmente provoca que regresemos a Él, para que dejemos el fingimiento y seamos reales una vez más.

Eso me pasó a mí. El Espíritu Santo agitó mis sentimientos de insatisfacción acerca de mi experiencia cristiana e hizo que deseara más honestidad en mi andar cristiano. Él me ayudó a reconocer que lo que les decía a los demás no correspondía con lo que yo estaba experimentando, que estaba invitando a las personas a tener una relación personal con Dios, pero yo estaba bien lejos de Él.

¿Qué me dice de usted? Usted dice que es un seguidor de Jesús, pero, ¿es Él real para usted? ¿Está usted simplemente siguiendo el movimiento, haciendo las buenas obras, ejecutando como se espera de usted, pero realmente viviendo para sí mismo?

Al estudiar el libro de Santiago, mi deseo es que miremos nuestras vidas a la luz de las enseñanzas del apóstol y de Jesús y que nos preguntemos: "¿Es esto algo que estoy experimentando, o el mundo me ha dicho lo que debo hacer y en lo que debo creer?"

Recuerde, lo más importante no es lo que otros piensen de nosotros. Lo más importante es lo que Dios piense de nuestras vidas y de nuestro andar con Él.

Mientras estudiamos Santiago, oro porque al final usted pueda decir: "Sí, Jesús es real para mí", porque ese es el más grande deseo de su corazón.

Dios desea desarrollarnos en todo para que lo glorifiquemos y una manera de hacerlo es a través de las pruebas.

Dios desea desarrollarnos en todo lo que podemos ser para su gloria y una manera de cumplir su deseo es a través de las pruebas.

Capítulo 1

UNA RESPUESTA SOBRENATURAL A LOS ACONTECIMIENTOS NATURALES

Santiago, siervo de Dios y del Señor Jesucristo, a las doce tribus que están en la dispersión: Salud. Hermanos míos, tened por sumo gozo cuando os halléis en diversas pruebas, sabiendo que la prueba de vuestra fe produce paciencia. Mas tenga la paciencia su obra completa, para que seáis perfectos y cabales, sin que os falte cosa alguna.

SANTIAGO 1:1-4

Hay un refrán muy conocido en el mundo de las motocicletas que establece que existen dos clases de motociclistas: los que han fallado y los que van a fallar. Siempre ocurren accidentes en motocicletas. No importa si los corredores son expertos o principiantes, viejos o jóvenes, manejen una Harley-Davidson o una Heinz 57 armada en un garaje, todos se estrellarán en algún punto de su carrera.

Los cristianos podrían tener un refrán similar. Existen dos tipos de creyentes: los que ya han experimentado pruebas y los que las experimentarán en el futuro. Nadie en esta vida está exento de problemas y angustias. Una existencia despreocupada, sin pruebas, es imposible.

Thomas Jefferson afirmó: "El objetivo de la vida es evitar el dolor".[3] Lamentable, señor Presidente, la vida no opera en ese sentido. El dolor, el sufrimiento, la miseria y las pruebas surgirán definitivamente en la vida de todo el mundo. Nadie puede evitarlos.

Esa verdad no cambia una vez que la persona le entrega su corazón al Señor. He oído a algunos creyentes que dicen: "Ven a Jesús y todo será maravilloso". Entregar tu vida a Jesús es algo extraordinario, pero esta decisión no significa que de allí en adelante todo será maravilloso. En ningún lugar en la Biblia leemos: "Si tiene a Jesús en su corazón, usted no va a tener un solo problema. La vida será grandiosa. El sol siempre brillará; usted no tendrá ningún dolor ni problemas".

En efecto, la verdad es completamente opuesta. Jesús les dijo a sus discípulos: "Si a mí me han perseguido, también a vosotros os perseguirán" (Juan 15:20). Y Pablo escribió: "Porque a vosotros os es concedido a causa de Cristo, no sólo que creáis en él, sino también que padezcáis por él" (Filipenses 1:29) y "Cada uno que quiere vivir una vida piadosa en Cristo Jesús será perseguido" (2 Timoteo 3:12).

A través de la historia, la persecución ha sido como la famosa "oportunidad de empleo sin discriminación". Las pruebas les llegan tanto al pastor como al feligrés, sin considerar edad, posición social ni afiliación religiosa.

Dios usa las pruebas para hacernos personas gozosas

Los creyentes a quien Santiago les escribió su carta con seguridad experimentaban la adversidad. Dejaron sus casas y huyeron a Jerusalén, después del martirio de Esteban y la gran persecución de los cristianos (ver Hechos 6:8—8:3). Se dispersaron a través de Palestina, algunos viajaron a Fenicia, Chipre y Antioquía de Siria. Según ciertos historiadores, sufrían las consecuencias de un descenso severo en la economía, producto de la sequía persistente. La tensión causada por el malestar político, social y religioso saturaba el ambiente. Tiempo después de que Santiago escribiera esta carta, los judíos emprendieron la guerra contra Roma (66-70 d.C.).

Los tiempos eran difíciles. Santiago sabía que aquellos cristianos estaban en medio de circunstancias terribles. Por lo que quiso recordarles que aunque las pruebas fueran inevitables, podrían elegir en qué forma responder a ellas. Así que les dijo a sus lectores: "Hermanos míos, considérense muy dichosos cuando tengan que enfrentarse con diversas pruebas" (1:2, NVI). [En la versión Reina-Valera 1960 de la Biblia el mismo versículo dice así: Hermanos míos, tened por sumo gozo cuando os halléis en diversas pruebas.]

La palabra *considérense* en este versículo [NVI] es un imperativo e indica una acción inmediata. Es como si Santiago les dijera: "Háganlo ya. De una vez y para siempre, graben esta verdad en sus mentes. Elijan, por su propia voluntad, considerar estas pruebas como sumo gozo [RV]".

El término *sumo gozo* significa un gozo que no se mezcla con ninguna otra emoción. Lo que Santiago quería decir era: "A través de la prueba, elija el gozo; no contamine ese modo de pensar mezclándolo con miedo, preocupación o malestar. Su actitud debería ser de un gozo inalterable".

Seamos sinceros. El gozo no es siempre la respuesta usual cuando la adversidad nos golpea. Si perdemos nuestros empleos, no decimos: "¡Maravilloso, estoy desempleado! Tengo más tiempo libre ahora". No, tendemos a pensar en términos de enfrentar el asunto o escapar de él. Queremos una de dos cosas: eliminarlo, manipularlo o huir de ello, alejarnos de la dificultad tanto como podamos.

Contar nuestras pruebas con sumo [o puro] gozo no es natural, y creo que este es el punto que Santiago trata de enseñar. No podemos aparentar que el gozo es puro o que no ha sido adulterado. Tampoco puede ser falsificado. La alegría de la que Santiago habla es una respuesta sobrenatural producida por el Espíritu Santo que vive dentro de cada creyente. Él produce en nosotros mucho más que una existencia risueña, llena de buena suerte y felicidad. El gozo que Él produce es más que un sentimiento triunfal, es el conocimiento profundo de que Dios opera en todo a favor nuestro, hasta en las pruebas más duras que soportamos (ver Romanos 8:28).

Pienso que es por eso que Santiago les recuerda—a sus lectores—a quienes pertenecen. En su declaración introductoria, él se llama "siervo de Dios" (1:1). El siervo no le dice a su maestro lo que debe hacer o lo que tiene que hacer; confía en que su maestro va a hacer lo mejor. Santiago sabía que Dios está sentado en su trono y al control de cada situación. Y que nunca es sorprendido por ninguna prueba que algún creyente pueda soportar.

Dios usa las pruebas para entrenarnos y disciplinarnos

Pienso que es importante percatarnos de que en esta sección de versículos Santiago no usa la palabra *prueba* como sinónimo de *tentación*, como se lee en la versión Reina Valera acerca de este pasaje. Él trata más tarde con pruebas morales internas (ver 1:12-15). Tampoco Santiago habla de las privaciones que traemos sobre nosotros debido a malas decisiones u opciones incorrectas. El estudiante que falla un examen porque dejó de estudiar no atraviesa una prueba, simplemente vive con las consecuencias de su mala decisión.

La palabra que Santiago usa para *prueba* en este pasaje significa literalmente adversidad. Tiempos difíciles—enfermedades, accidentes, desilusión, persecución, muerte—, surgen a menudo de cualquier parte. Por lo general son situaciones inesperadas, sin causas, simplemente ocurren.

Cuando una prueba inesperada y sin motivo nos golpea, podemos estar seguros de que Dios lo permite para desarrollar su carácter en nosotros. Santiago nos dice: "sabiendo que la prueba de vuestra fe produce paciencia" (1:3). Imagine el proceso por el cual el oro o la plata deben pasar para ser refinados. Santiago usa esa misma palabra *probar* en este pasaje.[4] Dios usa este proceso para purificarnos y fortalecernos. Santiago afirma que debemos contar nuestras pruebas con sumo gozo porque Dios está trabajando en nuestras vidas haciendo algo maravilloso.

La Marina de los Estados Unidos atraca varios de sus portaaviones en la Bahía de San Diego. Recientemente hice un paseo en uno de ellos, el *USS Abraham Lincoln*. Costó mil millones de presupuesto de dólares construirlo; el portaviones acomoda a más de cincuenta aeronaves, dos reactores nucleares y cinco mil miembros de tripulación. Se parece a una ciudad entera con cajeros automáticos, boleras y un hospital quirúrgico.

Durante una visita al puente donde el capitán da sus órdenes, vi a quien "conduce" aquel multimillonario barco con aviones de "quién sabe cuántos millones de dólares" en la cubierta. ¡Cualquier joven de unos diecinueve años! Me preocupo cada vez que mi hijo adolescente conduce mi auto, y el capitán de aquel barco confía en ese joven para navegar su portaviones.

Justo por eso es que la marina toma a un joven o a una joven y le sometió durante tiempos intensos de entrenamiento y formación. Sólo después de pasar por todo ese proceso, después de completar con éxito todos los ejercicios de formación, es que la persona joven tiene capacidad para estar en el puente de un barco como ese.

Del mismo modo, Dios usa las pruebas como ejercicios de entrenamiento en nuestras vidas, como la disciplina para desarrollar su carácter en nosotros.

La Biblia nos muestra a Dios usando la disciplina en tres formas. La disciplina correctiva es la que Dios emplea para conseguir nuestra atención cuando hemos pecado contra Él. David experimentó esa clase de disciplina divina cuando durmió con Betsabé, la esposa de otro hombre, y fue reprendido por Natán el profeta (ver 2 Samuel 11–12). Santiago habla de adversidad en este pasaje. De todos modos, creo que podemos estar gozosos recibiendo la disciplina correctiva de Dios porque eso confirma nuestra relación como hijos o hijas suyos (ver Hebreos 12:5-8) y transforma nuestro camino de destrucción en el que Él quiere para nosotros: el camino de salvación (ver 1 Corintios 11:32; 2 Corintios 7:10).

Otra forma de disciplina, es la preventiva. Dios emplea la disciplina preventiva para impedir que hagamos algo que Él sabe que va a perjudicarnos. Por ejemplo, Pablo tenía "un aguijón en la carne" para impedirle ser orgulloso (ver 2 Corintios 12:7-10).

El último tipo de disciplina es la educativa. Dios a veces nos disciplina para revelarnos una característica o un rasgo suyo del cual no estamos conscientes. Job recibió disciplina educativa a través de las múltiples pruebas y al final reconoció delante de Dios: "Yo conozco que todo lo puedes, y que no hay pensamiento que se esconda de ti" (Job 42:2).

Podemos contar nuestras pruebas con sumo gozo [puro] porque sabemos que Dios las usará para moldearnos en la persona que quiere que seamos. Nuestras pruebas son usadas como disciplina para nuestras vidas y por nuestro bien.

Dios usa las pruebas para probar nuestra fe

Las pruebas también revelan la solidez de nuestra fe. Santiago nos dice: "la prueba… produce paciencia. Mas tenga la paciencia su obra completa, para que seáis perfectos y cabales, sin que os falte cosa alguna" (1:3-4). La fe verdadera no desaparece en presencia de la adversidad. Todo lo contrario: crece. Se hace resistente. Las pruebas no son obstáculos; son escalones que nos llevan a la madurez.

William Barclay, comentarista bíblico renombrado y ministro de la Iglesia de Escocia, escribió: "Lo que causó más asombró a los paganos del siglo de la persecución fue que los mártires no murieron tristes ni con miedo. Murieron cantando".[5]

¿Cómo puede la gente enfrentarse a la muerte y aceptarlo con gozo? Creo que pueden hacerlo porque aprendieron a ver el cuadro en su totalidad. Aprendieron a tener un ojo en la tierra y otro en el cielo.

Si nos concentramos únicamente en las cosas transitorias—nuestro mundo, nuestras vidas, nuestros empleos, nuestras casas, nuestras familias, nuestro dinero—cuando llegan las pruebas, nos sentiremos abrumados, agitados, preocupados y afligidos. Pero si nos concentramos en lo eterno, podemos considerar el resultado final que Dios planeó para nosotros y regocijarnos.

El apóstol Pablo escribió: "Porque esta leve tribulación momentánea produce en nosotros un cada vez más excelente y eterno peso de gloria" (2 Corintios 4:17). Pablo vio todas sus pruebas—y él tenía la lista completa, como lo podemos ver en 2 Corintios 11:23-28—, como nada, cuando las comparó con lo que le esperaba en el cielo. Así como Pablo, debemos tener siempre nuestra mirada puesta en el cielo todo el tiempo.

Dios usa las pruebas para desarrollar nuestro carácter

El gran lema publicitario del ejército es: "Sea todo lo que puede ser... en el ejército". En otras palabras: "Permita que el ejército desarrolle su potencial". Pero si usted va y se enrola para el ejército hoy, va a tener que soportar unas cuantas cosas antes de que sea todo lo que puede ser.

Va a tener que ejercitarse físicamente de una manera en que quizás nunca antes lo hizo. Usted va a tener a alguien gritándole en su cara mientras está de pie sin moverse y atento. Le van a ordenar que haga cosas que son ilógicas para usted, pero tiene que seguir las órdenes mientras alguien le grita. Al final, después de todo el tiempo que dure eso y más, usted saldrá siendo un soldado.

Dios desea desarrollarnos en todo lo que podemos ser para su gloria, y una manera en la que Él realiza ese deseo es a través de las pruebas. ¿Acaso aceptaremos su disciplina y responderemos a las pruebas con gozo? ¿Nos acercaremos a Dios o lo abandonaremos? ¿Le diremos: "Olvídalo. Yo no contaba con esto. Pensé que la vida cristiana iba a ser más divertida, todo iba a ser maravilloso y cada quien iba amarme todo el tiempo? ¿Decido rendirme? ¿O veremos nuestras pruebas como los medios que Dios usa para acercarnos a Él y decirle: "Sí, Señor, acepto la prueba. Quiero aprender independientemente de lo quieras enseñarme en esta situación"?

Oswald Chambers declaró: "No se trata de que usted tenga a Dios, sino de que Él le tenga a usted. Él está trabajando en usted dándole forma, rompiéndole, moldeándole y haciéndole como decide. Y lo hace con un propósito, de modo que pueda decir: `Este es mi hombre. Esta es mi mujer'".[6]

Ese es el objetivo definitivo de Dios con las pruebas, por eso es que podemos contarlas con sumo gozo.

Capítulo 2

¡SABIDURÍA!, ¿QUIÉN LA NECESITA?

Y si alguno de vosotros tiene falta de sabiduría, pídala a Dios, el cual da a todos abundantemente y sin reproche, y le será dada. Pero pida con fe, no dudando nada; porque el que duda es semejante a la onda del mar, que es arrastrada por el viento y echada de una parte a otra. No piense, pues, quien tal haga, que recibirá cosa alguna del Señor. El hombre de doble ánimo es inconstante en todos sus caminos.

SANTIAGO 1:5-8

Unos novios acaban de volver de su luna de miel. La novia muy emocionada prepara su primera comida para su marido, una hermosa cena a la luz de las velas. Ella le informa que hay dos cosas que cocina muy bien: pastel de manzana y lasaña de vegetales. Él muerde un pedazo, lo mastica pensativamente y pregunta: "¿Cuál de las dos cosas es esto?"

Podríamos levantarnos para ejercitar un poco más de sabiduría en nuestras vidas. Hasta ahora en Santiago hemos estudiados las pruebas, cómo tratar con ellas y lo que Dios hace a través de ellas. Ahora veremos la necesidad de la sabiduría para pasar por esas pruebas y la necesidad de entenderlas desde la perspectiva de Dios.

Sabiduría en medio de las pruebas

¿Qué es sabiduría? Sabiduría es usar el conocimiento. No es sólo tenerlo, sino saber cómo emplearlo. La sabiduría es una fuerza increíblemente poderosa que nos ayuda a tomar decisiones correctas y nos libra de los fracasos que nos destruirían.

¿Cuándo la necesitamos? Santiago nos instruye que se la pidamos a Dios cuando pasamos por una prueba. En medio de una situación difícil, simplemente podemos clamar al Señor.

La sabiduría es completamente diferente del consejo. Cuando pedimos un consejo, por lo general ya tomamos la decisión; solamente buscamos a alguien para confirmar nuestras decisiones. Si la persona no nos da el consejo que esperamos, simplemente no hacemos caso de lo que nos diga. Del mismo modo, raras veces acudimos a Dios a decirle: "Señor, realmente no me preocupa en qué manera pueda afectarme esta decisión o cuánta tensión y sufrimiento pueda causarme, sólo quiero hacer lo que tú quieres que yo haga". Mejor dicho, por lo general ya entendemos lo que vamos a hacer y lo que realmente pensamos es: "Dios, este es el camino que voy a tomar. ¿Bendecirás las opciones que tome y me ayudarás por donde vaya?".

Lo que Dios desea de nosotros es que llenemos el vacío con una verdadera búsqueda de su sabiduría. Podemos leer la Biblia hasta que los ojos se nos pongan azules y memoricemos cientos de versículos pero, a menos que reconozcamos la voluntad divina y la hagamos, no seremos sabios.

Una vez mi papá me dijo: "Hubiera deseado que todos esos libros acerca de la crianza de niños hubiesen estado a mi disposición cuando te criaba". La verdad es que hoy hay muchos más libros acerca de este tema; sin embargo, leerlos cada día no nos hará padres más sabios.

Tenemos que tomar el conocimiento y aplicarlo a nuestras situaciones. Esa es la clase de sabiduría de la cual habla Santiago, la que permite que tomemos la información y la usemos en una forma beneficiosa y útil.

Sabiduría es tomar el conocimiento y saber usarlo en nuestras vidas. La Biblia manda que persigamos la sabiduría, que la busquemos (ver Proverbios 4:5-7). Cada uno de nosotros necesita sabiduría. Ella nos mantiene centrados. Eso no significa que tendremos todas las respuestas, pero nos permite realmente que nos concentremos en quién es Dios y lo que hace en nuestras vidas: moldearnos para que seamos la persona que Él quiere.

Pida sabiduría

En el versículo 5 Santiago afirma: "Y si alguno de vosotros tiene falta de sabiduría pídala a Dios, el cual da a todos abundantemente y sin reproche, y le será dada". La palabra griega *pedir* traducida en este versículo implica que debemos *seguir pidiendo*. Pedir sabiduría es un basamento regular. Dios no se cansa, ni nosotros tampoco deberíamos hacerlo. La petición de sabiduría es un hábito que se forma por el uso constante.

Cuando atraviesa una prueba, ¿a quién va primero: a un amigo, a su familia, a sus compañeros de trabajo? Recuerde, las pruebas de las que Santiago nos habla aquí no son aquellas consecuencia de sus decisiones, son pruebas que Dios permite en su vida. Entonces, Dios quiere que le busque a *Él* primero. Él está esperando por usted para que le abra su corazón y así escucharlo.

El asunto no es acerca de cuán grande es su deseo de *conocer* la voluntad divina, sino cuán grande es su deseo de *ponerla en práctica*. ¿Le pide a Dios consejo o sabiduría? ¿Le dice: "Dios, ¿qué quieres que haga, y si me gusta, lo haré"? Nos hemos acostumbrado tanto a tomar decisiones basadas en nuestras propias preferencias y opiniones que realmente no buscamos la sabiduría ni la dirección divina. ¿Queremos realmente hacer lo que Él desea para nosotros; queremos sinceramente que se haga la voluntad de Dios en nuestras vidas?

Mientras estaba en la India como misionero, escuché una historia acerca de Gandhi. Un día alguien acudió a Mahatma Gandhi y le dijo: "Quiero conocer a Dios". Gandhi caminó con él a orillas del río y le dijo: "Entremos al agua". Una vez que estaban dentro del agua, Gandhi tomó la cabeza del hombre y lo sostuvo debajo del agua. Gandhi siguió con la cabeza del hombre bajo el agua mientras éste luchaba desesperadamente por salir, cuando el hombre estuvo a punto de rendirse, Gandhi levantó su cabeza del agua y le dijo: "Cuando quiera conocer a Dios con la misma desesperación que tenía ahora por respirar, entonces lo encontrará".

¿Desea usted a Dios en su vida? ¿Desea la sabiduría de Él? ¿O ya tiene su vida planificada? Su Padre celestial le espera, pero ¿en verdad lo quiere usted a Él?

La sabiduría depende de la fe

Según Santiago, la sabiduría no nos es dada si no tenemos fe. Él nos dice que si realmente queremos sabiduría, Dios nos la da, no importa quiénes seamos. Él da generosamente sin reproche. Pero, en el versículo 6 Santiago continúa diciendo que el que pide debe creer y no dudar. La fe es la llave; sin ello, es imposible agradar a Dios (ver Hebreos 11:6).

En la película *Indiana Jones y la última cruzada*, hubo una escena que llamó mucho mi atención. Indiana Jones y su papá, junto con otros más, buscaban el Santo Grial, porque creían que podría darles la vida eterna. Cuando finalmente alcanzaron la montaña donde se creyó que el Santo Grial estaba escondido, los bandidos llegaron y le pegaron un tiro al papá de Indiana Jones. La única esperanza de salvarlo era encontrar el Santo Grial, de modo que pudiera beber de él y vivir.

A fin de alcanzar la taza, Indiana Jones tuvo que pasar por varias pruebas, cada una de las cuales podría terminar con su vida. Para la tercera prueba, Jones estaba de pie en una cueva oscura con un barranco gigantesco frente a él. El truco era que el puente que atravesaba la cima había sido pintado del mismo color que el barranco, eso le daba a Jones la ilusión de que dar un paso significaba una muerte segura. El puente estaba aproximadamente a quince centímetros de la repisa sobre la cual estaba parado, por lo que no podía verlo ni sentirlo hasta que diera un paso de fe. Así lo hizo y pasó al otro lado con seguridad.

¿Le ha pedido Dios que dé un paso de fe? En este pasaje Santiago nos dice que sin fe, no podemos esperar obtener sabiduría. Dios nos pide que confiemos en sus promesas, porque nos ama y tiene pensamientos de bien para nosotros. Necesitamos fe para ejercer la sabiduría; sabiduría para mantenernos firmes y darnos fortaleza para los tiempos difíciles.

Sabiduría para ver

Helen Keller, una mujer ciega y sorda con una inteligencia notable, escribió un artículo hace muchos años titulado: "Tres Días para ver". Allí describió lo que le gustaría mirar si pudiera tener su vista durante tres días. Ella dijo: "Si puedo tener tanto placer con solo el toque de mis manos, cuánto más debe ser la belleza revelada por la vista... Quizás pueda ilustrarlo mejor imaginando lo que me más gustaría ver si me dieran el uso de mis ojos, supongamos, durante sólo tres días".

El primer día, escribió, vería a la gente, todos aquellos amigos que habían cuidado de ella a través de los años. Deseaba ver sus rostros sonrientes y sus sensibles ojos. Por la tarde, daría un paseo por el bosque, disfrutando de las hermosas vistas de la naturaleza y lo glorioso de una vistosa puesta de sol.

El segundo día, continuó escribiendo, me levantaría muy temprano para ver un milagro emocionante: el proceso de la noche transformándose en día, algo que nunca había sido capaz de ver. Iría a los museos donde podría ver pinturas y esculturas que antes sólo había sido capaz de sentir.

En el tercer día, se levantaría temprano de nuevo e iría a la ciudad donde vería los rascacielos, el tráfico y toda la gente. Por la tarde asistiría al teatro o los cines. Cuando concluyó su artículo, ofreció este consejo: "Yo, que soy ciega, quiero darle una sugerencia a aquellos que pueden ver... Usen sus ojos como si mañana repentinamente se quedaran ciegos... Sólo así verían en verdad y un nuevo mundo de belleza se abriría delante de ustedes".[7]

Debemos pedir sabiduría para ser capaces de ver a Dios en el trabajo. Sin embargo, la sabiduría puede ser impedida por la duda en nuestros corazones. Otra vez, en los versículos 6 al 8 Santiago dice: "Pero pida con fe, no dudando nada, porque el que duda es semejante a la onda del mar, que es arrastrada por el viento y echada de una parte a otra. No piense, pues, quien tal haga, que recibirá cosa alguna del Señor. El hombre de doble ánimo es inconstante en todos sus caminos".

Este pasaje, como muchos otros, tiene un calificativo. Santiago afirma: "Dios le dará la sabiduría, pero su corazón no puede tener duda. Usted no puede decir: 'Amo al mundo y todo lo que hay en él, su sistema de valores y todo lo que tiene para mí, y al mismo tiempo amo Dios'". Para que Dios nos dé sabiduría, debemos actuar en fe y valorar nuestra relación con Él como lo más importante que tenemos en este mundo. A Dios no le gusta el cristianismo tibio (ver Apocalipsis 3:14-16).

Le pregunto de nuevo: ¿Es esto real? ¿Es su fe verdadera? ¿O tiene usted un corazón dividido? Santiago dice que si tiene un corazón dividido, gobernado por la duda, usted será inestable. No crea que Dios es un tonto; no puede esconder su corazón de Él. Él sabe si su corazón está dividido o si es completamente suyo.

Dios le pregunta: "¿Quiere que seamos amigos? ¿Me quiere usted en su vida?". Todo esto gira en torno a su corazón. Dios está esperando que dé un paso de fe, una fe que diga: "Dios, creo que existes; creo que me amas. Señor, te necesito en mi vida". Cuando dé el paso de fe y pida su sabiduría, Dios se la dará.

Pídale a Dios que le conceda el deseo de quererlo por sobre todas las cosas. Pídale que le deje ver la vida desde la perspectiva divina. Pídale la sabiduría que necesita para pasar por esta vida en un camino que glorifique su nombre.

Capítulo 3

CAPTURADO ENTRE DOS MUNDOS

El hermano que es de humilde condición, gloríese en su exaltación; pero el que es rico, en su humillación; porque él pasará como la flor de la hierba. Porque cuando sale el sol con calor abrasador, la hierba se seca, su flor se cae, y perece su hermosa apariencia; así también se marchitará el rico en todas sus empresas.

SANTIAGO 1:9-11

Un hombre se prepara para completar su prueba final en una clase de lanzamiento en paracaídas. Para graduarse, debe saltar del avión a tierra con su paracaídas solamente. Así que salta y en su caída a tierra, recuerda las instrucciones. Tranquilamente cuenta hasta diez y hala la cuerda. No pasa nada. Intenta abrir el paracaídas de reserva con la cuerda auxiliar. Pero nada pasa. Así que empieza a entrar en pánico a medida que cae más y más rápido hacia tierra.

De repente, observa a alguien volando hacia él desde tierra. Aunque le parezca muy extraño, le pregunta: "¿Sabe usted algo sobre paracaídas?".

El otro tipo le responde: "No. Y usted, ¿sabe algo sobre cómo encender una cocina a gas?".

En el aspecto económico, pasamos por situaciones similares. A veces subimos; a veces bajamos. La pregunta es si estamos en paz en medio de nuestras circunstancias. ¿Cuando piensa en su vida y su perspectiva económica, se siente en paz con su situación?

Las riquezas no determinan nuestra posición ante Dios

Nos gusta tener todo planificado en nuestras vidas. Vamos a llevar a cabo esto, vamos a tener aquella clase de familia, vamos a acumular muchas cosas materiales, luego nos vamos a jubilar y a disfrutar de la vida. ¿Pensamos alguna vez en el final y qué va a pasar entonces? En este pasaje de la Escritura, Santiago afirma que la gente de humilde condición debería sentirse orgullosa de su exaltación. ¿Significa eso que Dios desea que cada uno sea pobre? ¿De qué habla?

En América, menospreciamos a los pobres. Si una persona vive en condición humilde, le decimos qué hacer para mejorar. Le indicamos cómo trabajar en este sistema y conseguir una mejor posición en la vida.

Recordará que aquellos cristianos eran muy pobres, no sólo económicamente, sino también en lo social. La frase "humilde condición" significa que estaban en el peldaño más bajo de la escala socioeconómica de aquellos tiempos. La gente los despreciaba; por lo que eran condenados al destierro. Esos cristianos no eran pobres porque fueran perezosos ni porque carecieran de ambiciones, sino porque eran perseguidos por el gobierno romano y por la comunidad en la que vivían.

Roma era realmente muy tolerante con los extranjeros, siempre y cuando pagaran tributo al César. Pero los cristianos crearon un problema completamente nuevo. Al principio, algunos romanos pensaron que el cristianismo era sólo una secta del judaísmo. Los judíos estaban bien porque no molestaban a nadie, simplemente se trataban entre ellos y no trataban de convertir a los demás a su fe. Los cristianos, sin embargo, querían hablarles a todos de Jesús hasta que se convirtiera el imperio completo. Al contrario, rehusaban adorar al emperador, rendir sacrificios a los dioses romanos y asistir a los encuentros entre gladiadores. Tampoco desecharían a los bebés que estuvieran enfermos, como les ordenaban; ellos aprendieron a tratar a los esclavos con bondad. Y por eso, eran duramente perseguidos.

En este pasaje Santiago le dice a esa gente: "Sí, ustedes son pobres y están siendo perseguidos, pero siéntanse orgullosos de su exaltación". La palabra *orgullosos* que se utiliza aquí no se refiere al orgullo en el sentido de presunción. Este orgullo se refiere a sentirse gozoso por pertenecer a la familia de Dios.

Dios es más importante que nuestras riquezas

Cierta vez conocí a un hombre muy rico. Había hecho su dinero en la industria petrolera y era un hombre de una gran posición en el estado de Texas. Tenía aviones privados, casas por todo el país, criados, mayordomos y chóferes. Tenía mucho dinero.

En el período de recesión a principios de los años 1990, lo perdió todo. Perdió las limusinas, los aviones privados, los criados y muchos amigos que sólo estaban con él debido a su gran riqueza. Incluso después de haber perdido tanto, mantuvo su cabeza en alto cuando entró a una reunión de empresarios. Les estrechó la mano con la misma confianza de siempre.

Cuando nos sentamos en esa reunión de hombres de negocio, lo escuché hablar con gozo acerca de su vida. Aunque había perdido tanto y ahora vivía en un apartamento, estaba feliz porque sabía que era un hijo del Rey. La pérdida de su riqueza no cambió lo más importante en su vida: su posición con Dios.

Me pregunto, mientras reflexionamos en nuestra vida, si vemos a Dios como lo más importante de todo. Es posible que pasemos de la riqueza a la pobreza en esta vida. Si eso nos pasara, ¿podríamos decir: "¡Vine a este mundo sin nada y sin nada me he de ir pero, aleluya, Dios todavía es mi Padre"!?

Es probable que esté pasando por un tiempo difícil. Puede que haya perdido su trabajo o quizás atraviese un período difícil económicamente. Usted puede sentir consuelo en su posición con Dios. No olvide a quien le pertenece. Incluso si lo perdiera todo, ¿sería capaz de decir como el profeta: "Con todo, yo me alegraré en Jehová, y me gozaré en el Dios de mi salvación" (Habacuc 3:18)?

Santiago quiere recordarnos que Dios es más importante que cualquier cosa que podamos poseer, más deseado para nosotros que cualquier posesión. Podemos alegrarnos en las pruebas, aunque a través de ellas perdamos las riquezas materiales, porque Dios nos conoce y nos ama, y no nos abandonará.

Dios puede usar nuestra riqueza

Sophie Tucker, la vieja cantante afroamericana de música cristiana, solía decir: "He sido rica, y he sido pobre y, créanme, ser rico es mucho mejor". Muchos piensan de la misma forma.

¿Estoy diciendo que Dios está contra los cristianos ricos? Para nada. ¿Ama Dios al pobre más que al rico? No lo creo. ¿Quiere Dios que cada cristiano sea pobre? No veo eso en la Biblia. Yo diría, sin embargo, que debemos tener mucho cuidado con el dinero que tenemos. Deberíamos usar la sabiduría para saber cómo gastarlo. No podemos regalar lo que no tenemos. Si no tenemos nada, ¿cómo podríamos ayudar a los demás?

Hace tiempo pasé varias semanas con Jerry Colangelo, el dueño del equipo Phoenix Suns, trabajando con él en un proyecto. Me quedé en su casa, pude entrevistarlo, reunirme con su equipo de trabajo y trabajar en su oficina. Jerry hace un maravilloso trabajo en la ciudad de Phoenix, regalando dinero a los pobres y a los que no tienen hogar.

No tengo ningún cuestionamiento con respecto a que Dios ha bendecido a algunas personas con el don de hacer dinero. Yo he sido una de ellas. Muchas personas han enviado cheques a nombre de Eternity Minded Ministries, a través de los años unas veces 1,000 dólares, otras 10,000 y hasta 50,000 dólares. Un día un hombre me dijo: "No tengo ninguno de los dones que usted tiene. No puedo predicar. Nadie llega al Señor cuando hablo, pero puedo hacer algo. Puedo hacer dinero y ayudarle a usted a estar donde tiene que estar, de modo que gane a la gente para el Señor".

El dinero en sí mismo no es malo. Dios no está en contra de las riquezas. Él está en contra de atesorarlas. Jesús dijo: "No podéis servir a Dios y a las riquezas" (Mateo 6:24). Pero si usted usa el dinero como un instrumento, puede ser maravilloso. Sólo recuerde que la vida es más que posesiones. Si toda su felicidad, gozo y contentamiento se basan en algo que usted posee, está plantado en arenas movedizas.

El Salmo 49:16-17 dice: "No temas cuando se enriquece alguno, cuando aumenta la gloria de su casa; porque cuando muera no llevará nada, ni descenderá tras él su gloria". Del mismo modo, Santiago nos advierte que tengamos cuidado en cuanto al rol que el dinero juega en nuestras vidas.

Dios quiere que usemos nuestra riqueza sabiamente

Hace varios años hablé en una fiesta de despedida del presidente de una compañía. Una cosa que él dijo me impresionó mucho. Cuando miró a todos los ejecutivos jóvenes que le rodeaban, les dijo: "Sé que cada uno de ustedes quiere mi trabajo y les diré cómo conseguirlo. La semana pasada mi hija se casó y, cuando recorrí con ella el pasillo de la iglesia, me di cuenta de que realmente no la conocía. No sabía el nombre de su mejor amiga ni el último libro que había leído ni su color favorito. Ese fue el precio que pagué por conseguir este trabajo. Si quiere pagar el mismo precio, páguelo".

Cuando el dinero distorsiona nuestros valores, estamos en problemas. Usted no tiene que ser víctima del sueño americano. No tiene que escuchar al mundo decirle qué tener y qué poseer para ser exitoso. Sé de un doctor, que vive en la costa Este, que se mantiene con el 40 por ciento de su sueldo y regala el restante

60 por ciento. Él me dijo: "No tengo que ser lo que se supone que un doctor exitoso sea. Puedo hacer lo que Jesús quiere que yo haga".

Cuándo mis hijos eran pequeños, solían preguntarme: "Papá, ¿somos ricos?". Para ese entonces, éramos una familia de cuatro, vivíamos con 25,000 dólares anuales, con un auto y una casa con un techo agujereado. No teníamos suficientes envases de cocina para poner bajo todas las goteras de agua que caían del techo.

Unos abuelos pagaban la guardería infantil de nuestros chicos. Los otros abuelos nos daban 250 dólares mensuales para comprar alimentos. Nuestros padres nos enviaban dinero para la gasolina cuando íbamos a visitarlos. ¿Éramos ricos? Absolutamente; éramos ricos.

Cuando visito a una familia de diez personas que viven en un área de quinientos pies cuadrados, cuando miro fuera de la ventana del hotel y veo niños buscando entre la basura algo para comer, cuando veo niños tan pobres y sucios, me avergüenzo de tener dinero en mis bolsillos; cuando veo a una familia que sólo tiene una sábana para cada persona y un envase para cocinar su alimento, siento que soy rico. Cuando me doy cuenta de que cada día decenas de miles de niños mueren de hambre y desnutrición, me siento increíblemente rico.

¿Es usted rico? Si puede comprar este libro con su propio dinero, usted es más rico que la mayoría de la gente en el mundo. Jesús no está en contra de las riquezas, pero quiere que seamos sabios en la manera cómo la usamos. John Wesley, reflexionando sobre su vida, declaró: "Haga todo lo que pueda, ahorre todo lo que pueda, dé todo lo que pueda".[8] Un día, todos nosotros, el rico y el pobre, estaremos de pie ante el trono, y Dios no sólo mirará lo que hemos hecho sino también cómo hemos usado nuestros recursos.

Los servicios fúnebres habían terminado.

Todos se habían marchado y quedé yo solo.

Comencé a leer los nombres y fechas esculpidas en cada lápida.

El nombre no decía si era mamá o papá, hija o bebé.

Las fechas eran diferentes, pero la cantidad era la misma.

Había dos fechas en cada lápida.

Entonces noté algo; era sólo una simple línea.

Era un guión entre las fechas, que colocado allí tenía un significado temporal.

De repente eso me hizo entender lo importante de esa pequeña línea.

Las fechas colocadas allí pertenecen a Dios. Pero la línea es un lapso de tiempo suyo y mío.

Es Dios quien da esta vida preciosa y Dios quien se la lleva.

Pero esa pequeña línea entre el principio y el fin es el tiempo que Él nos da para que hagamos lo que podamos.

Sabemos que Dios ha anotado la primera fecha de todos y cada uno.

Y sabemos que aquellas manos escribirán otra vez la última fecha que tiene que venir.

Sabemos que ellas anotarán esa última fecha para cada uno de nosotros.

Pero sobre la línea entre mis fechas y la suya espero que él escriba: "Bien hecho".

Anónimo

Dios nos ha hecho a cada uno responsables de nuestro tiempo y nuestros recursos. Vivimos en este mundo, pero lo que pasa aquí afectará a la siguiente generación. ¿Somos seguidores de Jesús en lo que tiene que ver con el tiempo, los talentos y los tesoros qué Él nos ha dado?

Capítulo 4

¿A QUIÉN LE ECHAMOS LA CULPA?

Bienaventurado el varón que soporta la tentación; porque cuando haya resistido la prueba, recibirá la corona de vida, que Dios ha prometido a los que le aman. Cuando alguno es tentado, no diga que es tentado de parte de Dios; porque Dios no puede ser tentado por el mal, ni él tienta a nadie.

SANTIAGO 1:12-13

Una variación de la Ley de Murphy es: "La persona que sonríe cuando las cosas van mal es la que ya ha pensado a quién echarle la culpa".

Siempre buscamos a quien culpar y esto cobra mayor relevancia cuando se trata de nuestros pecados y fallas. En referencia a esto, Santiago nos dice: "Cuando alguno es tentado, no diga que es tentado de parte de Dios; porque Dios no puede ser tentado por el mal, ni él tienta a nadie" (1:13).

Cuando era niño, uno de mis programas favoritos era el Show de Flip Wilson. Wilson era un gran comediante. Una de sus frases era: "El diablo me hizo hacerlo", y la presentaba como defensa si algo le salía mal.

Nos gustaría echarle la culpa al diablo por todo lo que sale mal en nuestras vidas, pero la palabra *pecado* nos da una sensación de responsabilidad. Si pecamos, hemos hecho algo malo y somos responsables de nuestras acciones. En nuestra sociedad, no nos gusta eso. Queremos buscar siempre un culpable, echarle la culpa a nuestros cónyuges, nuestros hijos, nuestros jefes o hasta al simple hecho de vivir en los Estados Unidos de América.

El camino a la destrucción

Las tentaciones no serían gran cosa si no tuviéramos eso que llamamos pecado en nuestras vidas. Santiago usa la palabra varias veces en sus escrituras, y en sus pasajes, la emplea para decir: "No alcanzamos la meta". Cuando pecamos, fallamos en alcanzar la meta que Dios establece. Él tiene preparada la manera en que deberíamos vivir y todavía erramos.

Pecado no es una palabra muy popular. La gente se enoja y se pone a la defensiva. Usted puede hablarles del amor de Dios y de todas las cosas bellas acerca de conocer a Jesús, pero si les dice que son pecadores, se ofenden. Aunque sea verdad.

Hace unos años tomé un examen acerca de cómo disparar una pistola. Tuve que llenar muchos papeles e ir a la oficina policial para rendir la prueba. Fue muy sencillo. Bajé al sótano, puse cinco balas en mi pistola y disparé a un círculo negro a unos trece metros de distancia. Todas las balas tenían que dar en el círculo; si hubiera fallado el objetivo, no habría aprobado el examen.

El pecado trabaja de la misma forma. Dios pone un nivel, y si no lo alcanzamos, fallamos en lograr la meta. No hay punto medio; o damos al blanco o fallamos.

Todos hemos fallado. A muchos no nos gusta admitirlo, pero todos hemos pecado. Nos satisfacemos a nosotros mismos sin pensar en los demás. Hemos mentido y hecho trampa. Hemos tenido ídolos y adorado a otros dioses. Hemos fallado en alcanzar la meta de la perfección divina. Eso es lo que hace tan glorioso al mensaje de la cruz.

Si pensamos que no hemos pecado, estamos en un punto peligroso (ver 1 Juan 1:8). Y, si hemos estado en la iglesia por mucho tiempo y creemos que somos gente buena, también estamos en un punto peligroso. Hemos clasificado los pecados, pensamos que hay unos malos y otros buenos. ¿Hay pecados que Dios odia más que otros?

En Mateo 15:18-20, Jesús afirma: "Pero lo que sale de la boca, del corazón sale; y eso contamina al hombre. Porque del corazón salen los malos pensamientos, los homicidios, los adulterios, las fornicaciones, los hurtos, los falsos testimonio, las blasfemias. Estas cosas son las que contaminan al hombre".

Con frecuencia, nos preocupamos más por lo externo y por nuestra apariencia ante a los demás. Tenemos nuestra propia lista de lo que un buen cristiano puede hacer o no. Sería más sabio volver atrás, rebuscar y enfocarnos en las cosas en las cuales Jesús se interesa más. En Gálatas 5:19, Pablo escribió: "Manifiesta son las obras de la carne". No tenemos que sentarnos y preguntarnos: "¿Es esto pecado o no?". Pablo declaró que son obvios, y en los versículos 20-21 los enumera: "inmoralidad sexual, impureza y libertinaje; idolatría y brujería; odio, pleitos, celos, ira, ambición egoísta, disensiones, herejías, envidia; embriaguez, orgías, y otros por el estilo".

Muchos de ellos son pecados que no se pueden ver a simple vista. Podemos asistir a la iglesia y lucir como cristianos piadosos, pero Jesús afirma que son los pecados internos los que pueden destruir nuestra vida.

¿Por qué es la tentación es un gran problema? Porque el pecado lo es. Si no existiera el pecado, no nos preocuparíamos por ser tentados. Si el chisme no fuere una tentación, no nos preocuparíamos por ser tentados a chismosear. Sin embargo, Jesús dice que estas cosas están dentro de nosotros y es lo que nosotros somos en realidad. Algunas veces me veo en el espejo, y me puede gustar lo que veo externamente, pero no me gusta lo que está en mi interior. Puede ser espantoso ver su propio pecado.

C.S. Lewis afirmó: "Lo intempestivo de una provocación no me hace un hombre con mal genio. Sólo me muestra la clase de hombre malgenioso que soy".[9] Eso es cierto. No podemos culpar a otros por nuestros pecados. Eso ya está dentro de nosotros. Cuando explotamos con alguien, no es responsabilidad de esa persona. Simplemente ese individuo acaba de revelarnos que somos gente que nos enojamos con facilidad. ¿Por qué? Porque pasamos por el pecado de forma muy natural. Como Adán peco, nosotros pecamos. Está en nuestra naturaleza hacerlo.

Recuerdo haber leído un artículo en la revista *Time* que decía que todo el ADN de la persona se remonta a sus antepasados.[10] Todos tenemos los mismos ancestros: Adán y Eva. "Como el pecado entró en el mundo por un hombre [Adán y Eva], y por el pecado la muerte" (Romanos 5:12). Nuestra naturaleza pecaminosa es algo que llevamos dentro de nosotros, sin embargo, eso no nos excusa de cometerlo.

Tendemos a juzgar duramente a los hombres que son tentados con la lujuria. Pero en este pasaje, Santiago habla mucho más que del deseo físico. Se refiere al alcance completo del pecado. No sólo le preocupa el pecado de lujuria, también le preocupa el de la habladuría, la presunción y el pecado de ser de doble ánimo.

Santiago se preocupa por nuestro estilo de vida. ¿Es este verdadero? ¿Es nuestra fe suficientemente auténtica como para guardarnos de no errar habitualmente al blanco? El pecado destruye nuestra alegría y daña nuestro caminar con Dios. ¿Por qué Santiago se preocupó por la tentación? Porque sabía con seguridad que si cedemos, ella destruirá nuestras vidas.

Dios es incapaz de pecar

Santiago nos advierte que cuando somos tentados, no debemos decir que Dios nos tienta, porque Dios no puede tentar a nadie ni puede ser tentado. Queremos culpar a Dios por nuestros fracasos. Adán lo hizo cuando comió de la fruta prohibida en el huerto del Edén. Cuando Dios le preguntó si él lo hizo, le respondió: "La mujer que *me* diste por compañera me dio del árbol y yo comí" (ver Génesis 3:12). Quiso culpar a Dios por poner a la mujer allí para estropearlo todo. Eso no es así porque Dios no peca. No podemos culparlo por nuestras tentaciones ni por ceder a ellas.

En 1646, algunas personas en Inglaterra se reunieron y prepararon la Confesión de Fe de Westminster. Este credo fue adoptado por la Iglesia de Escocia y luego por los presbiterianos. Muchas denominaciones todavía lo usan con algunas modificaciones.

La Confesión de Fe de Westminster tiene una de las descripciones más concisas y claras acerca de Dios. Ella dice: "Hay una sola vida y un único Dios verdadero, que es infinito en ser y perfección, el Espíritu más puro, invisible, sin cuerpo, partes o pasiones; inmutable, inmenso, eterno, incomprensible, omnipotente, el más sabio, el más santo, el más libre, el más absoluto".[11]

Con Dios, no hay ninguna pasión mala que pueda ser justificada. Con Dios, no hay ningún poder que pueda ser ganado por la manipulación. Él tiene todo poder. Con Dios, no hay dinero que pueda obtenerse mediante transacciones turbias. Con Dios, no tenemos que buscar la felicidad porque tenerlo a Él es tener la felicidad. Dios está más allá de nosotros. Dios es absolutamente santo.

En Isaías 6:1-3, el profeta escribió:

> En el año que murió el rey Uzías vi yo al Señor sentado sobre un trono alto y sublime, y sus faldas llenaban el templo. Por encima de él había serafines; cada uno tenía seis alas; con dos cubrían sus rostros, con dos cubrían sus pies, y con dos volaban. Y el uno al otro daba voces, diciendo Santo, santo, santo, Jehová de los ejércitos; toda la tierra está llena de su gloria.

Tenemos que entender que Dios y el pecado no pueden convivir. Dios es santo. Incluso los serafines, esos seres angelicales creados por Dios, cubren sus caras cuando declaran "Santo,

santo, santo". Dios, en su increíble majestad, les permite volar alrededor de su trono día a día, mes tras mes, año tras año, por toda la eternidad, diciéndole continuamente: "Santo, santo, santo".

En nuestro idioma, si queremos enfatizar una palabra o un punto, usamos diferentes tipos de letras; las ponemos en color más oscuro, cursivas, subrayadas o entre signos de admiración. En la Biblia, el énfasis está indicado por la repetición; cuantas más veces una palabra se repite, más importancia está comunicando. Por ejemplo, cuando Jesús afirma: "De cierto, de cierto les digo", como lo hace en muchas ocasiones en los evangelios, lo que realmente quiere decirnos es que escuchemos con cuidado. Este pasaje de Isaías es uno de los pocos versículos de ese libro donde encontramos que una palabra se repite tres veces.

Dios está más allá de nuestros límites. Él va más allá de nuestro entendimiento. Dios es santo, a diferencia de las cosas que sabemos o experimentamos. No podemos comprender lo diferente que Él es, lo glorioso que es, lo santo que es. Su santidad encierra la pureza moral, la belleza ética y la perfección moral.

Cuando yo tenía trece años, me caí y me rompí ambos brazos. Nunca olvidaré el sentimiento de abandono, allí indefenso en el fondo de un barranco con mis brazos dislocados. Desesperadamente quise que mi papá viniera y me hallara. Él haría que todo estuviera bien. Por otra parte, yo le desobedecí al haber ido allí y no estaba seguro de que realmente quisiera encontrarme.

De la misma forma, los pecados en nuestras vidas a veces nos hacen querer correr y ocultarnos de Dios. Reflexionamos en nuestras vidas, vemos nuestros defectos y sentimos miedo. Si Dios pudiera tomar cada pecado, cada pensamiento, cada actitud, cada acción—todo lo que hemos hecho alguna vez—y lo pusiera en una videocinta y nos la diera para verla, nos sentiríamos bastante mal. Isaías vio todos sus pecados en un momento, y por eso exclamó: "¡Ay de mí!" (6:5).

No entendemos cómo nuestra pecaminosidad y la santidad de Dios pueden unirse. Pero eso debería fortalecer nuestra fe y nuestro gozo para entender que nos ama tanto que hasta en nuestra pecaminosidad nos proporcionó un camino por el cual pudiéramos llegar a Él.

Capítulo 5

"PESCARLO Y SOLTARLO", ¡ES ILÓGICO!

Cuando alguno es tentado, no diga que es tentado de parte de Dios; porque Dios no puede ser tentado por el mal, ni él tienta a nadie; sino que cada uno es tentado, cuando de su propia concupiscencia es atraído y seducido. Entonces la concupiscencia, después que ha concebido, da a luz el pecado; y el pecado, siendo consumado, da a luz la muerte.

SANTIAGO 1:13-15

Un pequeño chico se tragó accidentalmente una moneda y, del susto, pensó que se iba a morir. Su madre, intentaba consolarlo, diciéndole: "Todo está bien, cariño. En algún momento saldrá". El muchacho seguía pensando que iba a morir; entonces la madre tomó su monedero, sacó otra moneda y simuló que se la sacaba del oído a su hijo.

"¿Qué es esto?", preguntó la mamá. "Mira, la moneda salió por tu oreja".

El pequeño estaba sorprendido. Entonces le quitó la moneda a su madre, se la tragó y le dijo: "Mami, ¡hazlo otra vez!"

A veces, reaccionamos de la misma forma con respecto a la tentación. Somos tentados por cosas que no son buenas para nosotros, pero en vez de evitarlas, decimos: "Lo hago nuevamente; está bien".

Es incuestionable que la tentación hoy es mucho mayor que antes. Vivimos en un tiempo en que la tentación nos bombardea cada semana, cada día, cada momento. La presión es mayor y ceder a ella es más aceptable que nunca.

Hace varios años, cenaba con Luis Palau y otros seis hombres. Hablábamos acerca de la tentación, y Luis nos dijo que no importaba la edad de la persona, la tentación nunca dejaba de tocar la puerta. "Tengo cincuenta años, y todavía soy tentado por algunas de las mismas cosas con las cuales lo fui cuando era joven", dijo. Los demás rondábamos los treinta y pensamos: *Caramba, creí que habíamos madurado y superado todas esas necedades.*

Leí un artículo sobre el presidente de una universidad cristiana que había malversado miles de dólares de la escuela y gastado la mayor parte del dinero en prostitutas. Lo que me asombró era que tenía setenta y seis años. No crecemos más que la tentación. Está con nosotros toda nuestra vida.

En este pasaje, Santiago trata con las tentaciones que vienen desde el interior de nosotros, de nuestros propios malos deseos. Santiago no habla sólo de la lujuria sexual, trata con todas las modalidades de la tentación.

Me gusta "la terminología pesquera" que emplea Santiago en este pasaje. Me encanta pescar. Hay algo mágico y emocionante en el hecho de sentarse en un río, poner la carnada en el anzuelo y ver el pescado cuando viene. Sin embargo, lo que no me agrada es esperar que el pescado pique. Si tengo que esperar dos o tres horas, para mí eso no es pescar, es dolor. Tampoco me gusta "pescarlo y soltarlo": ¿atrapar un pescado, mirarlo, para luego decir: "Este no es muy bueno?", y luego tirarlo de nuevo al agua. Para mí, eso no es pescar. Por eso, voy a sitios donde en verdad puedo agarrar un pescado y comérmelo.

¿Por qué este pasaje en Santiago tiene que ver con la pesca? Bien, piense en esto de la siguiente manera. Un pequeño pez nada a lo largo del agua, disfrutando un gran día y haciendo una breve visita turística. Sin embargo, este pececito está hambriento. Lo atacan las ganas de comerse una hamburguesa "Big

Mac". Sigue nadando muy bien, pero tiene un deseo interior. Hasta ese punto está bien; solo que tiene hambre. Ningún daño ha hecho... aún.

Los mismos pasos que llevan a un pez a su muerte son los que nos conducen de la tentación al pecado.

El deseo está dentro de nosotros

Así como el pescado hambriento, tenemos un deseo lujurioso que es parte de nuestra naturaleza pecaminosa. La palabra *deseo* usada en este pasaje se refiere al apetito carnal, los deseos ilícitos que tenemos dentro de nosotros. Estos no pueden culpar a Dios, a otra persona ni al diablo.

Todos tenemos tentaciones. Todos somos tentados a pensar, decir o hacer algo incorrecto.

Nunca olvidaré el día que estaba de compras en Singapur, buscando regalos para mi esposa y mis hijos. Andaba por calles desconocidas, cuando de repente cruzó por mi mente un pensamiento que me dejó sin respiración y paralizado. Me di cuenta de que nadie en aquella ciudad sabía quién era yo, así que podía hacer lo que quisiera y nadie lo sabría. Estaba a miles de kilómetros de mi hogar, mi familia y mi iglesia. Nadie lo averiguaría jamás. Para mí, fue el principio de un nuevo entendimiento acerca de la tentación.

Enfrentamos la tentación porque tenemos esos deseos, esas cosas dentro de nosotros que Santiago afirma que pueden destruir literalmente nuestras vidas.

La carnada nos atrae

Bueno, nuestro pececito nada inocentemente a lo largo del agua, cuando de repente la mancha de un jugoso y gordo gusano se balancea delante de él. Al instante, es atraído por la carnada. La palabra que Santiago usa es *atraído.* Al igual que este pequeño pez, somos atraídos de vez en cuando. Vemos la carnada y nos parece buena. Nos hará sentirnos bien. La queremos.

Así como puse la carnada en un anzuelo para atraer al pez, también el diablo y el mundo nos ponen carnadas. Pero Santiago afirma que somos atraídos por nuestros propios deseos naturales y que somos atraídos hacia la tentación como el pez es llevado por su hambre y atraído por el gusano.

Leí una historia acerca de un lugar del Cabo Hatteras, en Carolina del Norte, llamado Nags Head. Allí hay un área arenosa llamada Diamond Shoals, donde más de dos mil barcos se han arruinado. La historia dice que hace más de doscientos años, los hombres de Nags Head ataban a los frenos de sus caballos unas linternas luminosas. Durante las noches oscuras y lluviosas, montaban sus caballos y recorrían toda la orilla de arriba a abajo, eso atraía a los barcos que buscaban protegerse de la tormenta. Los barcos eran atraídos hacia la luz y cuando llegaban daban con aquellas aguas poco profundas y entonces eran destruidos. Después los hombres asaltaban la embarcación para tomar las cosas de valor.

Somos atraídos por nuestros deseos. Martín Lutero dijo: "Luchar contra el pecado debe ser una lucha contra el diablo, el mundo y con algo de mí. La lucha contra mí mismo es la peor de todas".[12]

Nos entretenemos alrededor de la carnada

A ver la carnada, deberíamos dar media vuelta de inmediato y escapar. Por desdicha, tanto las personas como el pez se quedan mucho tiempo alrededor de la carnada.

Cuando veo la pequeña pelota en mi caña de pescar flotando alrededor en la superficie del agua, sé que un pez esta alrededor. Él juega con el cebo. Tiene hambre y quiere el gusano, pero no está seguro de picarlo.

En su libro *Secret Strength* [Fortaleza secreta], Joni Eareckson Tada, escribe acerca de enfrentar la tentación. Yo me preguntaba:

"¿Qué sabrá Joni sobre la tentación? Si está paralizada del cuello hasta los pies". Pero ella cuenta que pensaba que por ser discapacitada tenía derecho a ser más flexible. Entonces Dios cambió su corazón. Ella declara: "¿Cree usted que Dios permite que sufra para que use sus pruebas como una excusa para pecar? ¿O siente que ya le ha dado a Dios un extra últimamente y que por eso Él debe darle un día libre?[13]

Joni entendió que estaba siendo atraída por falsos pensamientos. Y dijo que Dios no le da vacaciones a nuestra moralidad. No podemos coexistir en armonía con la tentación en nuestras vidas.

En nuestra familia, cuando estamos haciendo una dieta siempre nos gusta decir: "Habrá sólo un día a la semana cuando podremos comer lo que queramos". ¿Ha hecho esto alguna vez? Muy pronto aparecerá ese día en su camino, aunque comience con buenas intenciones. Dios no trabaja así, sin embargo. Él no dice: "Usted puede tener un día, una semana para hacer independientemente lo que quiera. Usted puede ser cruel, estar enojado o amargado. Puede pecar tanto como le guste, porque ha trabajado mucho y está estresado". Podemos decirnos que eso está bien, pero Dios nunca lo aprobaría.

Después del terremoto de 1989 en Oakland y el área de la Bahía, se suscitó un incremento en las detenciones por varios delitos. La gente estaba bajo mucha tensión, por lo que se dieron al delito como una liberación de sus situaciones. La tentación y la tensión trabajaban juntos. Como creyentes, debemos tener sobre todo cuidado de los tiempos estresantes, porque durante esos tiempos la tentación puede bombardearnos mucho más que de costumbre.

Una vez que picamos la carnada, no podemos soltarla

Para mí, sentir unos pocos golpecitos bajo el agua y la tensión en mi sedal, me da una sensación inexplicable. Eso significa que he enganchado al pez, y que no irá a ninguna otra parte.

La tentación no es pecado. Este ocurre cuando nuestros deseos ceden a la tentación. Es allí cuando entramos en problemas. El pecado casi siempre comienza pequeño, pero cuando se vuelve grande puede destruir nuestras vidas. Nuestros deseos más la carnada externa más un acto de la voluntad dan a luz al pecado.

Santiago lo dice en el versículo 15: "Entonces, la concupiscencia, después que ha concebido, da a luz el pecado; y el pecado, siendo consumado, da a luz la muerte". El pecado no toma veinte años para crecer como la gente. Este comienza a operar contra nosotros en el momento en que nace.

Si no nos dedicamos a pasar tiempo con Dios, desarrollando nuestra relación de amor con Él, ¿cómo soportaremos la tentación que nos sobrevenga? Tenemos que equilibrar nuestras vidas de modo que tengamos el tiempo para pasar con Dios, porque sin esa relación no tenemos ninguna resistencia a la tentación. Cuando llega la tentación, provoca con facilidad nuestro deseo interno y, si no tenemos ninguna fuerza o capacidad para resistir, pronto estaremos derrotados.

Terminamos en la sartén

En el momento en que usted y yo le dijimos sí a Jesús, nos convertimos en enemigos de Satán. Lo más que le gustaría al diablo sería vernos morder la carnada y terminar por tirarnos en la sartén del fracaso.

El teólogo alemán Dietrich Bonhoeffer, autor de *El costo del discipulado*, también escribió un pequeño libro llamado *Temptation* (Tentación). En este afirmó: "En nuestros miembros hay cierta pasión inclinada al deseo que es tanto sensible como feroz. Con inmenso poder, el deseo ejerce control sobre la carne. Al instante, esa pasión es atizada. La carne arde y estalla en llamas".[14]

Santiago afirma que cuando el pecado nace, da a luz a la muerte. ¿Ha cometido alguna vez usted un pecado y ha muerto? Yo sí. Después que he pecado, de repente me doy cuenta de que no hay motivos de alegría en mi vida. Todo parece diferente. Pensaba que el pecado iba a hacerme sentir bien, por eso lo hice. Pero después, me percaté de que no me hizo feliz; en realidad tuvo el efecto contrario. He tenido demasiados amigos cuyas vidas han sido destruidas porque pensaban que pecar no era malo.

Decían: "Ah, el Señor entiende que esta es mi debilidad. Así que esto está bien". Pero también descubrieron que el cuento no era tan sencillo. Sí, Dios entiende nuestras debilidades, pero nos da poder para vencerlas.

¿Cuál es su tentación? ¿Cómo se que le atrae? ¿Con qué lucha usted? ¿Con el orgullo? ¿La furia? Tal vez tenga un espíritu de crítica. ¿O sea usted mentiroso, perezoso o avaricioso? ¿Y qué acerca de la tentación de hacer trampas en la escuela, en el trabajo o al declarar sus impuestos? Cuando usted piensa cosas como: "Sigue adelante, toma aquel atajo. Otra gente lo ha hecho peor", ¿es capaz de resistir la tentación? ¿O a menudo termina en la sartén?

Cuando Santiago escribió estas palabras, no las limitó a un pecado en particular. Nosotros podemos señalar con nuestros dedos a la gente y decir: "Ah, su pecado es peor que el mío". Pero Santiago no señala aquí ese punto. Él dice que caemos en la tentación porque permitimos que nuestro deseo o nuestra voluntad cedan ante aquellas cosas que sabemos que son malas.

Cuando somos capaces de ver una tentación, reconocerla y permitirle al poder del Espíritu Santo luchar contra ella, estamos en buena forma. Pero si llegamos al punto en nuestras vidas en que vemos un pecado específico y decimos: "Ah, es que este es mi punto débil", entonces estamos en problemas. Es allí donde la tentación tiene poder para destruirnos. Esto da a luz al pecado y nos conduce a la muerte: muerte física, muerte de los sueños, muerte de la familia, muerte de las relaciones o muerte de nuestra identidad con Dios.

Cuándo la carnada cae y el pequeño gusano pende delante de nuestros ojos, podemos dar la vuelta y escapar, como hizo José, diciendo: "¡No, gracias!" (ver Génesis 39:1-12). Decida no participar de esa clase de conversaciones o no estar en esos lugares—cualquiera que sea la tentación—e irse por otro camino. Oro para que Dios nos dé a usted y a mí la fuerza para hacerlo.

Sabemos que nuestra carne es débil, pero el Espíritu de Dios es fuerte. Sólo Él puede ayudarnos a ganar la victoria sobre la tentación.

Capítulo 6

ALABA A DIOS, DE QUIEN PROVIENE TODA BENDICIÓN

Amados hermanos míos, no erréis. Toda buena dádiva y todo don perfecto desciende de lo alto, del Padre de las luces, en el cual no hay mudanza, ni sombra de variación. El, de su voluntad, nos hizo nacer por la palabra de verdad, para que seamos primicias de sus criaturas.

SANTIAGO 1:16-18

Durante la Escuela Dominical, un niño de siete años no puede mantenerse tranquilo. Trata de prestar atención, pero le es muy difícil quedarse quieto. Finalmente, no puede esperar más y le grita al profesor: "¿Podemos apurarnos? ¡Esto está muy aburrido!".

Una niña se voltea con rapidez, le pellizca el costado y le dice: "Silencio. Se supone que sea así".

Uno de mis mayores temores cuando hablo es que la gente piense que soy aburrido. Tuve algunos profesores aburridos en el colegio y he oído a ciertos pastores aburridos. No quiero parecerme a ellos; ni poner a dormir a la gente.

¿Estamos aburridos con la iglesia y con Dios? ¿Observamos al mundo y pensamos que es más divertido porque Dios es muy aburrido? ¿Sentimos que Dios es mundano?

Si así fuera, Santiago nos dice: "Amados hermanos míos, no erréis. Toda buena dádiva y todo don perfecto desciende de lo alto, del Padre de las luces, en el cual no hay mudanza, ni sombra de variación" (1:16-17).

¿Por qué nos aburrimos con Dios? Porque nuestros corazones se distraen con el mundo. Necesitamos un mejor entendimiento de Dios. Tenemos que conocer su carácter. Sólo así podremos alabar a Dios porque de Él fluye toda bendición.

Dios no está aquí para destruirnos

La palabra que Santiago emplea para Dios en este pasaje es *Padre* (1:17). En Mateo 7:11, Jesús nos recuerda que hasta los padres terrenales dan buenos regalos a sus hijos. ¿Cuán mejores regalos nos dará nuestro Padre celestial? No nos engañemos pensando que Dios—de alguna manera—trata de que usted haga mal las cosas para destruirle. Él tiene cuidado de usted, mucho más que lo que un padre terrenal cuida de sus hijos.

A veces me preocupa la facilidad con que puedo ser engañado. Mis pensamientos me juegan algunas bromas y me dicen que algo está bien cuando en realidad no es así. Alguien una vez dijo: "La ingenuidad del autoengaño es inagotable". Por eso Santiago nos exhorta a no dejarnos engañar. Dios es nuestro Padre, señala Santiago, por tanto no pondrá pecado en nuestro camino.

Nos horrorizamos cuando leemos en el periódico noticias acerca de padres que han hecho cosas terribles con sus hijos. Cuándo leemos una historia sobre una madre que mata a sus propios hijos, ¿gemimos interiormente y pensamos: "Cómo puede haber en el mundo un progenitor que haga tal cosa"?

Cuando pienso en mis propios hijos, no puedo imaginarme haciéndoles algo que les cause dolor. Pero tengo que recordar que los padres terrenales no somos perfectos. Sin embargo Dios, nuestro Padre celestial, es perfecto y no quiere vernos sumidos en el dolor. Santiago nos recuerda en los versículos anteriores que Dios no es el que nos tienta. Él no quiere hacernos daño. Al contrario, desea bendecirnos.

Dios es benevolente

La naturaleza de Dios es dar. En el versículo 17, Santiago afirma: "Toda buena dádiva y todo don perfecto desciende de lo alto". Dios no nos da tentaciones. Él nos da regalos buenos y perfectos, y los recibimos cada día.

Una de las cosas más alentadoras que podemos hacer cada día, es tratar de identificar todos los regalos que Dios nos ha dado. En vez de pasar el día quejándonos y siendo pesimistas, deberíamos pasarlo mirando todos los maravillosos regalos que nos ha obsequiado. Tenemos que entender que Dios es benevolente y que cada día nos colma de obsequios.

Él nos regala la risa. Hoy podemos reírnos, sonreír, tener gozo. La salud es un regalo. La familia es otro regalo. Somos capaces de disfrutar del regalo de la naturaleza que nos rodea. Debido a la bondad de Dios con nosotros, tenemos los regalos del amor, la amistad y el perdón. Aquí Santiago nos dice: "Escuchen, Dios no les da tentaciones. No, Dios es el Padre benevolente que les da regalos buenos y perfectos".

Como dijo el salmista cuando se refirió a Dios: "En lugares de delicados pastos me hará descansar, junto a aguas de reposo me pastoreará ... mi copa está rebosando" (Salmo 23:2, 5). Cada regalo bueno y perfecto, como el amor, la risa, la familia, la naturaleza, la alegría, los amigos, la iglesia, todo lo que tenemos—proviene del Padre que dice: "Quiero bendecirte con un regalo".

Siempre disfruto leyendo en el Antiguo Testamento acerca del modo en que Dios trató con Israel. A través de su siervo Moisés, Dios le dijo a su pueblo:

> Mira, yo he puesto delante de ti hoy la vida y el bien, la muerte y el mal; porque yo te mando hoy que ames a Jehová tu Dios, que andes en sus caminos, y guardes sus mandamientos, sus estatutos y sus decretos, para que vivas y seas multiplicado, y Jehová tu Dios te bendiga en la tierra a la cual entras para tomar posesión de ella.

> Más si tu corazón se apartare y no oyeres, y te dejares extraviar, y te inclinares a dioses ajenos y les sirvieres, yo os protesto hoy que cierto pereceréis… (Deuteronomio 30:15-18).

Cuando leemos este pasaje, pensamos que la opción para el pueblo era obvia. ¿Quién no querría elegir la vida y la bendición? Dios les advirtió a los israelitas lo que les pasaría si lo desobedecían, pero desobedecieron de todos modos. Y asimismo, una y otra vez, Él permitió que ellos se arrepintieran y los bendecía. Qué cuadro más grande de la benevolencia divina. Pero también nosotros actuamos de la misma forma con respecto a su benevolencia.

Me agrada la historia del hijo pródigo (Lucas 15:11-32). Es una de las principales ilustraciones del amor de Dios. Aun cuando el hijo desobedeció y le faltó el respeto a su padre, cuando al fin volvió, el padre no sólo le dio la bienvenida, sino que salió corriendo a encontrarlo. Dios, nuestro Padre, nos espera con los brazos abiertos. Corre hacia nosotros y quiere que nosotros corramos a Él.

Cuando nuestros hijos están pequeños, nos encanta cargarlos, abrazarlos, sostenerlos y besar sus pequeñas y abultadas mejillas. Pero ¿quieren ellos eso? Por supuesto que no, prefieren jugar. Pienso que a Dios le pasa igual con nosotros. Él trata de sostenernos, pero estamos distraídos por "la diversión de las cosas materiales", preferimos hacer otra cosa. Él nos dice: "Ven, pasa un rato conmigo".

Pero tenemos excusas para todo. "Dios, tengo mucho que hacer hoy, tengo muchas reuniones con diferentes personas. Tal vez esta noche... o mañana". Nuestro Padre quiere estar con nosotros, pero tenemos que hacer el tiempo para estar con Él.

Henri Nouwen lo expresó mejor en su libro *El regreso del hijo pródigo*. "Aquí está el Dios en el que quiero creer: un Padre que, desde el principio de la creación, ha estirado sus brazos de bendición y misericordia, nunca ha forzado a nadie, siempre espera; nunca deja caer sus brazos en desesperación, pero siempre espera que sus hijos vuelvan para poder decirles palabras de amor… su único deseo es bendecir".[15]

Dios nunca cambia

En el versículo 17, Santiago afirma que todos nuestros regalos buenos y perfectos vienen "del Padre de las luces, nuestro Padre celestial". Las luces a las que se refiere son literalmente los cuerpos celestes: las estrellas, los planetas y el sol, los cuales fueron creados por Dios.

Si nuestro sol fuera cóncavo, podría sostener 1.3 millones de planetas Tierra. Es una estrella bastante grande. Hay otra estrella llamada Antares que podría sostener sesenta y cuatro millones de soles como el nuestro. Más grande aun es la estrella, en la constelación de Hércules, que podría sostener unos cien millones de estrellas del tamaño de Antares.[16] ¿Por qué creó Dios toda esa luz? Porque Él es luz y ama la luz. Por eso, podemos alzar la vista en la noche y pensar: "Grandioso, Dios hizo todas esas luces para *mí"*.

Apocalipsis 21:23 describe el cielo de esta forma: "La *ciudad* no tiene necesidad de sol ni de luna que brille en ella; porque la gloria de Dios la ilumina, y el Cordero es su lumbrera". Cuando andemos por el cielo, no habrá ninguna sombra, porque la presencia de Dios es luz y ella estará en todas partes.

En el pasaje que estamos analizando, Santiago indica que el carácter de Dios no cambia. Él no tiene ninguna sombra. No se transforma como las estaciones. Dios es el mismo ayer, hoy y siempre (ver Hebreos 13:8). En un mundo tan incierto, podemos confiar en lo que Dios es: nuestro Padre celestial, el Dador de buenos regalos, el que nunca cambia.

Después que mi esposa, Deb, y yo nos casamos, disfrutamos unos días libres y pasamos un tiempo con Terry, mi compañero de cuarto universitario, en el rancho de su familia. Mantuvimos una gran amistad con ellos durante años. La última vez que fuimos a visitarlos, me sentí muy triste porque no reconocí al papá de Terry. A los ochenta y tres años, después de una parálisis, una dura lucha contra el cáncer y varias operaciones, ya no era el mismo. Lo recordé ayudando a Terry a salir de todos sus problemas en la universidad y ahora Terry tenía que cuidar de él. Me impresionó el hecho de que todos cambiamos. En primer lugar, envejecemos.

Mi esposa me recuerda continuamente que he cambiado. Dice que no soy la misma persona que era cuando me casé con ella. Nuestras vidas cambian, nuestras familias y nuestras circunstancias también. Pero aunque todo cambie, Dios nunca cambia. Él es siempre el mismo. Él es el Padre benevolente que sigue dando maravillosos regalos a sus queridos hijos.

Nuestro Padre mostró su increíble amor con el regalo de su Hijo (ver Romanos 5:8). ¿Por qué nos daría también la tentación cuándo nos ha dado una nueva vida en Cristo?

A través de los Estados Unidos, hay iglesias que están llenas de cristianos culturales. Estoy seguro de que usted ha encontrado algunos de ellos; lo sé. Les gusta el pastor, la gente y los programas de la iglesia. Pero aunque les guste todo ello, algo falla en sus vidas. Algunas de esas personas me han dicho: "Esto no es real. Amo a la iglesia, a nuestro pastor y a nuestros amigos. Amo este lugar, pero no conozco a Dios y nunca lo he experimentado". Incluso ancianos de iglesias han venido y admitido: "No conozco a Jesús". Gente que ha estado en su iglesia durante cincuenta años me ha dicho: "Amo a la iglesia pero, en realidad, no conozco al Señor".

Santiago ha estado peguntándonos sobre nuestro conocimiento de Jesucristo y nuestra fe en Él: ¿son verdaderos? En el versículo 18 dice acerca de Dios: "Él, de su voluntad, nos hizo nacer por la palabra de verdad, para que seamos primicias de sus criaturas". Dios nos ha dado un nacimiento espiritual que nos hace gente diferente. San Agustín escribió: "Dios posee algo que la iglesia no tiene. La iglesia posee algo que Dios no tiene".[17] Sólo usted y yo sabemos si hemos nacido del Espíritu o no.

¿Ha nacido usted de nuevo? ¿Es una realidad en usted? Santiago indica: "No te engañes. No pienses que esta tentación viene de Dios porque Dios sólo te ha dado regalos buenos y perfectos. Y el mayor regalo es su hijo, Jesucristo, que te da vida eterna".

No sé lo que haya en su alma, pero Dios lo sabe. Tal vez en algún momento de su vida se le haya cruzado este pensamiento: "Está bien. Puedo ir a la iglesia una vez por semana y todo estará bien". No base su seguridad en la asistencia a la iglesia. Usted necesita basar su seguridad viviendo en Cristo, Jesús en usted.

Ahora mismo, Dios está esperando que vaya a Él. Él no quiere destruirle; al contrario, desea darle buenos regalos. Él nunca cambia, pero espera con paciencia que usted cambie. ¿Le ha rendido su vida? ¿Es su fe verdadera?

Capítulo 7

DIOS TODAVÍA HABLA, ¡DEBEMOS ESCUCHAR!

Por esto, mis amados hermanos, todo hombre sea pronto para oír, tardo para hablar, tardo para airarse; porque la ira del hombre no obra la justicia de Dios. Por lo cual, desechando toda inmundicia y abundancia de malicia, recibid con mansedumbre la palabra implantada, la cual puede salvar vuestras almas.

SANTIAGO 1:19-21

Hace varios años, el vicepresidente de la Junta Directiva de Seguridad del Transporte se dirigió a un comité de frustrados auxiliares de vuelo. Estaban disgustados por la falta de atención por parte de los pasajeros de los aviones durante las obligatorias explicaciones de seguridad rutinarias.

Una asistente de vuelo hasta había cambiado su discurso habitual para añadir un poco de humor. Decía: "Cuando la máscara de oxígeno caiga delante de usted, colóquela sobre su ombligo y siga respirando normalmente". Nadie lo notó.

Seguramente que he sido parte de esos pasajeros desatentos. He volado tantas veces, que he aprendido a desconectarme de las instrucciones. Sé que la luz conduce a otra señal y dónde están localizadas las puertas de salida.

A veces, sin embargo, algunos auxiliares de vuelo realmente captan mi atención. Una vez miré a una mujer convertir cada línea de su rutina en una comedia. Realmente encarnó su papel y muy pronto todos se reían. Al final, la aplaudimos. La gente la había escuchado. En verdad, prestaron atención a lo que ella decía.

Para muchos de nosotros, escuchar puede ser una de las cosas más difíciles de hacer. La mayoría del tiempo preferimos hablar. Escuchar requiere un poco de esfuerzo. En este pasaje, Santiago implora que escuchemos.

Pronto para escuchar

Me gustaría que enfocáramos nuestra atención en el versículo 19 donde Santiago declara: "... todo hombre sea pronto para oír, tardo para hablar, tardo para airarse".

Casi siempre soy lento para escuchar, muy rápido para hablar y no tan lento para enfadarme. Sin embargo, Santiago recuerda la vida de su medio hermano Jesús y nos dice: "Así no es, tenemos que vivir de la misma manera que el Señor".

Para algunas personas escuchar es un verdadero regalo. Quizás usted pueda estar muy bien escuchando. Pero otros, como yo, tenemos que trabajar mucho para aprender a hacerlo.

Un pastor trataba de explicarle a la congregación la diferencia entre un hecho y la fe. Les decía: "Si usted se sienta primero que yo... eso es un hecho. Si yo estoy de pie en el púlpito... es un hecho. Si estoy hablando... es un hecho. Ahora, si usted realmente me escucha... eso es fe".

Oír es fácil, pero escuchar no lo es tanto. A veces pensamos que las personas son buenas oyentes porque nos observan con atención mientras hablamos, pero en realidad su mente está esquiando, o en un paseo en motocicleta o plantando flores en el jardín. Escuchar realmente toma un verdadero esfuerzo.

Santiago nos exhorta a escuchar. ¿Escuchar a quién? Escuchar a Dios. ¿Por qué es tan importante eso? Porque es la esencia de nuestra relación con Dios. Él envió a su Hijo para morir por nosotros y quiere tener comunicación y amistad con nosotros. Si Dios no quisiera hacer nada con nosotros, ¿para qué seguirlo? Podemos adorar también a una roca o a un cristal.

Dios nos habla realmente. La pregunta es: ¿lo escuchamos?

Dios nos habla por medio de su Palabra y usa su Espíritu Santo para mover nuestros corazones a hacer algo en respuesta a ello. En Juan 8:47 Jesús les dijo a algunos contemporáneos: "El que es de Dios, las palabras de Dios oye; por esto no las oís vosotros, porque no sois de Dios". Luego, en el capítulo 10, Jesús nos dice que conocemos la voz de Dios de la misma manera que las ovejas conocen la de su pastor.

Si no podemos oír su voz, si no lo reconocemos ni entendemos, si no estamos listos para escuchar su instrucción, algo está mal en nuestra relación con Él.

Dios nos salvó de modo que pudiéramos oírlo. El Espíritu de Dios mora en nosotros y nos capacita para que podamos escuchar su voz. Él nos habla y nos dirige mediante su Palabra. Uno de mis autores favoritos, Francois Fenelon, escribió: "Dios nunca deja de hablarnos, pero el ruido del mundo exterior y el tumulto de nuestras pasiones dentro de nosotros nos aturde y nos impide escucharle".[18]

Solía leer las historias de los grandes misioneros cristianos que oían la voz de Dios cuando les decía lo que tenían que hacer; ellos obedecían y sucedían los milagros. Leer esas historias me desalentaba porque me hacían sentir insatisfecho con mi vida cristiana y lo que experimentaba eran dos cosas diferentes. Pensaba: "Seguramente Dios, si aquellos hombres y mujeres oían tu voz y actuaban en obediencia, entonces yo puedo ser capaz de hacerlo también. Por lo tanto, enséñame a oír y conocer tu voz".

Durante mucho tiempo, seguí orando: "Dios, permíteme escuchar tu voz. Déjame saber, entender y reconocerla". Al mismo tiempo, estudiaba y meditaba en la Palabra de Dios y cultivaba mi relación con Él.

Un día llegué a casa y Deb estaba de pie en la puerta principal con una mirada de disgusto en su rostro. La lavadora se había roto y ella sabía que yo no era el "Señor Reparalotodo". "Vamos a la lavandería automática", me dijo.

Cuando llegamos y entramos, vi a un hombre con ropa harapienta y pelo sucio buscando en los recipientes de basura algo que comer. De repente oí una pequeña voz que me decía: "Dan, cómprale comida".

"Señor, he deseado por mucho tiempo oír tu voz, pero no estoy seguro de que sea esto", pensé.

Y de nuevo, sentí aquel pinchazo. "Dan, cómprale comida."

Comencé a negociar con Dios. "Bueno, si él todavía está aquí cuando Deb haya terminado de lavar la ropa, iré y lo ayudaré."

Él estaba sentado en un banco detrás de la lavandería automática cuando Deb terminó y estaba lista para marcharse. Eché un vistazo y caminé hacia donde estaba, le ofrecí comprarle algo para comer. Él aceptó, entonces fui al lado y le conseguí una hamburguesa, papas fritas y refresco como me lo pidió.

Le di la comida y un poco de dinero, luego Deb y yo subimos al coche y me marché. Nunca le hablé de Jesús, nunca dije una palabra sobre Dios. Sólo seguí oyendo que el Señor me decía que le comprara comida, y lo hice.

Seis meses más tarde, estaba en Portland, Oregón, para predicar en una misión de rescate. Yo no conocía a nadie allí, pero cuando terminé hice un alto: observé a alguien que me pareció vagamente familiar. Era el hombre a quien le había comprado una comida, seis meses antes y a mil kilómetros de distancia. Yo lo encontré otra vez, y esa noche le di más que una hamburguesa. Conoció la Palabra de Dios.

Escuche a Dios

El Espíritu de Dios nos habla. Pero tenemos que estar dispuestos a escuchar. Dios quiere animarnos, quiere guiarnos y quiere darle poder a nuestras vidas. Entonces, ¿cómo escuchamos?

Primero, estudiemos la Biblia. Algunas personas se confunden con respecto a dedicar tiempo al *estudio*. No hablo de leer simplemente *The Daily Bread* (El pan diario) u otros devocionales. Si va a la iglesia, a la escuela dominical y a un estudio bíblico durante la semana, está muy bien, pero no es a lo que me refiero cuando digo: "Estudie la Biblia". Necesitamos tiempo a solas con Dios y su Palabra. Esto le lleva al siguiente paso: meditar.

El Salmo 1:2 dice acerca del hombre que es bendecido por Dios que "en la ley de Jehová está su delicia, y en su ley medita de día y de noche". Meditar en la Palabra de Dios no implica "vaciar la mente", como lo definen algunas religiones orientales. Significa llenar nuestras mentes con la Palabra de Dios, luego pensar en ello, reflexionar y considerar cómo la podemos hacer nuestra. Después de que hemos leído a fondo un pasaje y lo hemos estudiado con cuidado, entonces tomamos el tiempo para procesarlo un rato.

Muchos no tenemos tiempo para meditar. Sólo lo tenemos para agarrar la Biblia, abrirla, buscar un pasaje al azar, leer unos versículos y las referencias. Podemos pensar brevemente en la manera en que lo que acabamos de leer podría aplicarse a nuestras vidas o cómo podemos usarlo para enseñar el domingo en la escuela dominical, pero no permitimos que la Palabra penetre en nuestras mentes, deseos y emociones. Si leemos la Biblia sin permitir que eso haga un impacto en nosotros, si la lectura no produce cambios radicales en nosotros, entonces no hemos entendido de qué se trata.

El objetivo de leer la Biblia no es tanto para obtener conocimiento sino para que este transforme nuestras vidas. La meditación hace que pensemos: "Dios, este soy yo. Necesito cambiar. Necesito que trabajes en mí y cambies algunas cosas en mi interior".

El tercer paso implica pasar de la meditación a la contemplación. La contemplación es adicional y más profunda que la meditación. El diccionario define la palabra *contemplar* como: "ver o considerar con continua atención", y la palabra *contemplación* se define como: "un estado místico de la conciencia acerca de lo que Dios es".[19] Pasamos de reflexionar sobre el pasaje que acabamos de leer a la contemplación de la naturaleza y el ser divino. No estamos apresurados, no decimos mucho; sólo hablamos extensamente de la majestad, la grandeza y lo asombroso que es Dios.

Joyce Huggett, en su libro *The Joy of Listening to God* (El gozo de escuchar a Dios), dijo acerca de este proceso: "Nos cubrimos con el calor de su amor, sentimos su mirada, nos llena de su Espíritu fresco, nos da una nueva perspectiva: la suya; llegamos tan cerca de su corazón que sentimos su preocupación por el mundo, y al contemplarlo fluye la intercesión para que tenga compasión por el mundo herido".[20]

Le animo a estudiar la Biblia no sólo para obtener conocimiento, sino también para desarrollar un oído que escuche la voz de Dios. ¿Tiene tiempo cuándo piensa que el Señor puede hablarle para que haga algo, pero no está seguro? Le animo a que lo haga de todos modos. Verá lo que puede pasar. Usted se sorprenderá. Sea receptivo al mover de Dios.

¿Alguna vez ha hecho por casualidad un acto de bondad para alguien que más tarde le dijo: "Era justo lo que necesitaba. ¿Cómo lo supo?". (Me gusta cuando esto pasa.) Usted puede no haberse dado cuenta, pero oyó la voz de Dios y Él lo usó para suplir las necesidades de alguien más.

La contemplación puede tomar un poco más de tiempo. Si usted está jubilado o retirado, probablemente tiene muchísimo más tiempo. Si está semiretirado, es probable que goce de tiempo suficiente. Si tiene un trabajo de tiempo completo y una familia por quien preocuparse, tiene algún rato disponible. Si usted es una madre soltera de tres niños menores de cinco años, no tiene ni tiempo ni vida. Pero pase lo que pase, sea cual sea su circunstancia, la etapa de la vida en la que esté ahora, decídase a hacer el tiempo para el estudio, la meditación y la contemplación.

Lo maravilloso de todo esto es que usted puede meditar y contemplar cambiando pañales, cortando el césped o sentando en el tráfico. La meditación es un asunto del corazón. A veces es bueno encontrar un lugar tranquilo, relajante, pero eso no es posible siempre. Sólo esté atento, listo, para escuchar cuando estudie, medite y contemple.

Tardo para hablar y para enojarse

Alguien dijo: "Necesitamos guardar nuestras palabras suaves y dulces porque nunca sabemos cuándo vamos a tener que comérnoslas".

Un refrán judío dice: "Los hombres tienen dos oídos, pero una sola lengua, por lo que deberíamos oír más que hablar. Los oídos están siempre abiertos, listos para recibir la instrucción, pero la lengua está rodeada de una doble fila de dientes para cercarla con un seto y mantenerla dentro del equilibrio apropiado".

A menudo somos demasiado ligeros para hablar. No nos tomamos el tiempo suficiente para pensar en el impacto de nuestras palabras. A veces eso ocurre porque somos demasiado rápidos para enojarnos. Esta rabia se deriva de la idea egoísta que pregona: "No me están oyendo".

Winston Churchill afirmó: "El hombre es tan grande como el tamaño de las cosas que lo hacen enojar".[21] Benjamin Franklin dijo: "No importa lo que hayas comenzado, si te enojas el final es vergüenza".[22] Pero como siempre, Dios lo dice mejor en Proverbios 14:17: "El hombre que fácilmente se enoja hará locuras".

¿Cómo nos hacemos lentos para hablar? ¿Cómo controlamos nuestra cólera? Pues, estudiando, escuchando, meditando, contemplando.

La mayor oportunidad que tenemos es detenernos, meditar y reflexionar en el perdón nuestro que es en Jesucristo. Ese es el mayor regalo que tenemos. Somos perdonados. Dios nos ve a través de su Hijo Jesús y, por lo tanto, podemos pararnos limpios ante Él.

Le desafío. No sólo a que lea la Biblia. No sólo a estudiarla. Medite en ella. Deje que la Palabra de Dios le hable. Meditamos acerca de la vida, en la jubilación y en las inversiones. Todos tenemos innumerables escenas agradables en nuestras cabezas. De modo que sabe meditar. ¿Por qué no meditar entonces en la Palabra de Dios?

¿Es esto real? ¿Es su fe verdadera? ¿Es suficientemente real como para que conozca la voz de Dios? ¿Es tan real como para que experimente un cambio en su corazón que le impida hablar menos de lo que debe sin enojarse?

Capítulo 8

¡HÁGALO!

Pero sed hacedores de la palabra, y no tan solamente oidores, engañándoos a vosotros mismos. Porque si alguno es oidor de la palabra pero no hacedor de ella, éste es semejante al hombre que considera en un espejo su rostro natural. Porque él se considera a sí mismo, y se va, y luego olvida cómo era. Mas el que mira atentamente en la perfecta ley, la de la libertad, y persevera en ella, no siendo oidor olvidadizo, sino hacedor de la obra, éste será bienaventurado en lo que hace.

SANTIAGO 1:22-25

Por muchos años, nuestra familia vivió aproximadamente a cinco kilómetros de la Oficina Mundial de la Nike en Portland, Oregón. Una de las grandes leyendas de Portland es un hombre llamado Phil Knight que, hace muchos años, descubrió cómo hacer el mejor tipo de zapato de correr usando una plantilla a cuadros para las suelas. Comenzó a vender esos zapatos usando como tienda el maletero de su auto. Hoy es conocido como el fundador de la Corporación Nike, una compañía de cuatro mil billones de dólares.

Leí una historia en el periódico *Oregonian* que hablaba sobre el tiempo en que la Nike ensayaba cómo sería su siguiente campaña publicitaria. Varias compañías de publicidad muy prestigiosas presentaron sus ideas, pero ninguna de ellas satisfizo al señor Knight. Todos se fueron decepcionados.

Unos días más tarde, un alto ejecutivo andaba por Nike y oyó a un empleado dándole órdenes a otro. "¡Hágalo!", decía. La frase se hizo popular en la compañía Nike, y a menudo cuando alguien se quejaba de un trabajo, solo le decían: "*Hágalo*". El ejecutivo meditó un rato sobre la frase y fue a ver al señor Knight con su idea. La frase se convirtió en una de las primeras campañas publicitarias que el mundo jamás haya visto.

Santiago tiene algunas palabras fuertes para nosotros en estos versículos. En el mundo *de hoy* él podría haber dicho: "Háganlo". La persona que examina la Palabra de Dios y no cambia, se parece al hombre que se ve a sí mismo en el espejo una mañana, despeinado y sucio, y aun así no hace caso de su aspecto. Pero la persona que examina la Palabra y hace lo que ella dice, es bendecida.

En realidad, este pasaje se enfoca en la obediencia y la desobediencia. Santiago está preocupado y frustrado con esa clase de cristianos. Él les dice: "Háganlo. No tienen que razonar. No tienen que argumentar. No pongan excusas. Sólo háganlo". Él quiere que ellos y nosotros, seamos hacedores de la Palabra, no sólo oidores.

La desobediencia está arraigada en el autoengaño

Demasiadas veces vemos la iglesia como un espectador deportivo. Entramos y nos sentamos, escuchamos la música y disfrutamos de las ocurrencias del pastor, pero realmente no estamos en el servicio. Podemos sentarnos semanas tras semana y escuchar los sermones, pero nunca nos dedicamos a hacer lo que oímos.

A través de los años, en el país de Gales se han levantado algunos predicadores muy famosos. Durante mi primer viaje allí, tuve la oportunidad de hablar en el púlpito de la antigua iglesia de Martin Lloyd Jones. También prediqué en la iglesia donde Evan Roberts comenzó el avivamiento galés, que tuvo un gran impacto en Estados Unidos de América. Esas visitas marcaron experiencias asombrosas en mí.

Mientras estuve allí, aprendí el valor de los sermones galeses. Las personas que conocí valoraban las destrezas oratorias y el don de la presentación. Sobre todo aman los sermones, cristianos o no. Sin embargo, no los escuchan para cambiar. Cuando terminé de hablar, cualquiera de ellos diría: "Fue un gran sermón", pero no tienen ninguna intención de ponerlo en práctica, porque para ellos el sermón sólo es parte de la presentación.

En el versículo 22, Santiago declara: "Sed hacedores de la Palabra, y no tan solamente oidores, engañándoos a vosotros mismos". Debemos hacer lo que esto nos dice. En este versículo, la palabra *hacer* indica una acción continua. Hacer lo que Jesús mandó debería ser parte de nuestro estilo de vida. Creo que Santiago estaba pensando en la gente de quien Jesús habló en Mateo 7:21-23. Ellos pensaban que eran cristianos, pero Jesús les dijo: "Nunca los conocí". El verdadero discípulo aprende para poner en práctica, no sólo para enseñar a otros.

Tengo muchos amigos que quieren ser profesores de Biblia. Unos me han dicho que tienen el don de la enseñanza. Uno dejó su trabajo para hacerse profesor. Por desdicha, he visto a algunos profesores que no deberían dar clases.

Esta gente está muy interesada en lo que la enseñanza les hace sentir. Disfrutan cuando están delante de la gente. Esa sensación de poder los hace sentir bien: "Ustedes están sentados allí, yo les hablaré y les impartiré mi maravilloso conocimiento". Eso los hace sentirse importantes. Sienten que son especiales y necesarios. Lamentablemente, rara vez viven lo que enseñan.

Soy un poco receloso con la enseñanza. He descubierto que prefiero ser evangelista que pastor cualquier día de la semana. Como evangelista, puedo usar la mayor parte de mi material repetidas veces, lo que he hecho mucho. Si voy a hablarles a los niños, reviso mis archivos y saco un mensaje para ellos. Si voy a hablarles a negociantes profesionales, tomo un mensaje adaptado para ellos. En realidad, el mensaje del evangelio no cambia mucho.

Ahora, como pastor, he aprendido que necesito nuevo material cada semana. También he descubierto que no puedo solamente enseñarlo; tengo que vivirlo. Una cosa es decir: "Encontré esto en la Biblia y pensé hablarles al respecto", y otra totalmente diferente vivir lo que se enseña. Cuando la gente me dice que quieren ser profesores, casi nunca entienden que eso conlleva una gran responsabilidad (ver Santiago 3:1-2).

Santiago aconseja a los cristianos diciéndoles: "No estudien solamente la Palabra. No la miren tan solo. Apréndanla, conózcanla, entiéndanla y compartan su información con otros. Pero no olviden que la razón primordial por la cual estudian y meditan en la Palabra de Dios es para ponerla en práctica".

C.S. Lewis dijo: "No nací para ser libre. Nací para adorar y obedecer".[23] Piensen con detenimiento en esta declaración. Nacimos para adorar, alabar, levantar nuestras manos al Señor y decirle: "Dios, te amo. Tú estás siempre conmigo. Te adoro. Te alabo. Dios, quiero obedecerte. Y voy a hacer lo que me pidas".

¿Qué cree usted que significa ser un hacedor de la Palabra? Santiago no habla solamente de la enseñanza en la iglesia infantil ni de servir en el ministerio de alabanza y adoración los domingos por la mañana. Él habla acerca de ser obediente a cualquier cosa que Dios nos pida que hagamos.

Jesús nos dio mandamientos. No sugerencias para que las consideremos si nos gustan o no, simplemente tenemos que cumplirlos nos gusten o no. En Juan 13:34-35, el Señor nos dice: "Un mandamiento nuevo os doy: Que os améis unos a otros; como yo os he amado, que también os améis unos a otros. En esto conocerán todos que sois mis discípulos, si tuviereis amor los unos con los otros". También, en Lucas 6:31, nos dice: "Y como queréis que hagan los hombres con vosotros, así también haced vosotros con ellos".

Cuando veo estos y otros mandamientos de Jesús, me pregunto: "¿Soy un hacedor de la Palabra?" Y me respondo: "Por supuesto que sí. Soy pastor, consejero, tengo un ministerio de evangelista. Definitivamente, soy un hacedor".

Sin embargo, Jesús me recuerda: "Daniel, es cierto, que haces todas esas cosas maravillosas pero, ¿realmente haces lo que te he pedido?" Santiago no quiere que nos engañemos pensando que obedecemos al Señor simplemente porque parecemos ser buenos cristianos. Los verdaderos seguidores de Jesús obedecen todos sus mandamientos.

Cuando medito y reflexiono en las Escrituras, me pregunto: "¿En verdad amo a Jesús? ¿Soy en realidad un hacedor de la Palabra? ¿Vivo mi fe, no sólo en la iglesia los domingos, sino cada día de la semana? ¿Trato a los demás de la manera que quiero que me traten? ¿Juzgo a otros? ¿Muestra mi obediencia que en verdad amo a Jesús?"

La desobediencia nos hace olvidar

La palabra *considera* que aparece en los versículos 23 y 24 en este contexto quiere decir "echar un vistazo, mirar rápidamente". Esta persona camina frente al espejo, echa un vistazo, luego se aleja y se olvida de lo que vio. Cuando usted sale por la puerta en la mañana, quizás se dé una mirada rápida en el espejo para asegurarse de que su corbata no está torcida o que su maquillaje luce bien. Algunas personas hacen esto con la Palabra de Dios. Le dan un vistazo rápido y dicen: "Estoy bien". Incluso aunque lean las palabras, no tienen ninguna intención de obedecerlas.

Una adivina leía la mano a un hombre joven. Le dijo con seriedad: "Usted será pobre y muy infeliz hasta que cumpla treinta y siete años".

El joven se sintió un poco preocupado y le preguntó: "Entonces ¿qué?, ¿seré rico y feliz después de eso?" "No, usted seguirá siendo pobre", contestó la adivina, "pero para entonces ya estará acostumbrado a esa situación".

De este mismo modo escuchamos la Palabra de Dios. Oímos las mismas historias. Escuchamos sermones acerca de los mismos pasajes de la Escritura, y sólo nos acostumbramos a ellos. Entonces nos hacemos oyentes descuidados. Le damos un vistazo rápido a la Palabra de Dios, pero olvidamos lo que se supone que tenemos que hacer. Algunas personas usan la frase: "Es como manejar una bicicleta", indicando que una vez que hemos desarrollado la habilidad, nunca se olvida. Sin embargo, eso no siempre es cierto.

Almorzaba con un amigo que es el fiscal asistente del distrito de la ciudad de San Diego. Dan es un gran cristiano, un gran líder y un gran oficial de policía. Me contó toda la historia de cómo entró a trabajar en la policía. Me relató todo acerca de lo que pasó entre la transición de trabajar tras un escritorio hasta volver a la calle. Su comentario fue: "Fue algo terrible, estar en la calle después de haber pasado un largo período trabajando en la estación. Tienes todo el conocimiento y toda la formación, pero no los has usado en mucho tiempo. Eso te da una sensación de vulnerabilidad porque tu velocidad para reaccionar se ha vuelto lento". Si no utilizamos nuestras destrezas para leer y escuchar, comenzamos a perderlas y a olvidarlas.

Jesús nos dio mandamientos como: "Que os améis unos a otros" (Juan 13:34), "Y como queréis que hagan los hombres con vosotros, así también haced vosotros con ellos" (Lucas 6:31), "... saca primero la viga de tu propio ojo, y entonces verás bien para sacar la paja del ojo de tu hermano" (Mateo 7:5). Pero cuando no los obedecemos, olvidamos lo que se supone que tenemos que hacer.

¿Será que sólo le echamos un vistazo a Jesús y sus palabras? ¿Será que no tenemos verdaderamente ninguna intención de obedecerles? ¿Será que aceptamos a Jesús como Salvador, pero no como Señor?

Cierta catedral en Lübeck, Alemania, tiene una inscripción famosa en su pared atribuida a San Germán. La he parafraseado de esta forma:

> Me llamas Maestro y no me obedeces. Me llamas Luz y no me miras. Me llamas el Camino y no caminas conmigo. Me llamas Sabio y no me sigues. Me llamas Bueno y no me amas. Me llamas Rico y no me pides. Me llamas Eterno y no me buscas. Me llamas Misericordioso y no confías en mí. Me llamas Noble y no me sirves. Me llamas Maravilloso y no me honras. Me llamas Justo y no me temes. Si te condeno, no me culpes.[24]

Cuando leí aquella inscripción, pensé: "Señor, ¿soy un hacedor de tu Palabra? ¿O he estado engañándome? ¿Sólo he echado un vistazo a tu Palabra y he olvidado con rapidez lo que se supone que deba hacer?".

Podemos decir que amamos a Dios y que andamos con Él, pero si seguimos día a día y mes tras mes sin vivir sus mandamientos, entonces no somos ni seguidores ni discípulos verdaderos.

El gozo verdadero viene cuando decimos: "Señor, quiero ser un hacedor de tu Palabra. Quiero ser obediente a lo que me has dicho que haga". Ser la persona que Dios quiere que nosotros seamos brinda gozo verdadero y contentamiento.

Capítulo 9

PARA MÍ, LA RELIGIÓN DE ANTAÑO

Si alguno se cree religioso entre vosotros, y no refrena su lengua, sino que engaña su corazón, la religión del tal es vana. La religión pura y sin mácula delante de Dios el Padre es esta: Visitar a los huérfanos y a las viudas en sus tribulaciones, y guardarse sin mancha del mundo.

SANTIAGO 1:26-27

Con frecuencia, preferimos lo viejo antes que lo nuevo. Los zapatos viejos son más cómodos que los nuevos. Las cosas nuevas son extrañas y causan confusión. Algunos de los países de Europa Oriental que han logrado recientemente su libertad y su democracia encuentran que sus nuevos gobiernos son difíciles de entender. De presentárseles la opción entre la democracia y el comunismo, algunos seguro que preferirían el comunismo simplemente porque les es familiar.

Nos gusta la forma antigua de hacer las cosas, de decir las cosas y añoramos los "tiempos pasados". Anhelamos los días de la Guerra Fría cuando sabíamos quienes eran nuestros enemigos más que esta nueva realidad del terrorismo que no podemos ver ni sabemos de dónde procede.

Un antiguo cántico cristiano dice: "Para mí, la religión de antaño es suficiente". Pienso que si Santiago estuviera escribiendo hoy nos hablaría de la "religión de antaño". Aparentemente, le bastó al autor del himno al igual que a las generaciones pasadas.

Pero ¿de qué se trata la religión de antaño? ¿De ceremonias? ¿De leyes? ¿De mantener la rutina? ¿Qué es lo que realmente es la "religión de antaño"?

La *Biblia al Día* lo expresa de esta forma: "Quien se cree muy santo y no cuida sus palabras, se engaña a sí mismo y de nada le sirve tanta religiosidad. Creer en Dios el Padre es agradarlo y hacer el bien, ayudar a las viudas y los huérfanos cuando sufren, y no dejarse vencer por la maldad del mundo" (Santiago 1:26-27).

En este pasaje Santiago pregunta: "¿Qué es la religión"? "¿De qué en realidad se trata esta relación con Dios?".

Karl Marx dijo: "La religión no hace al hombre. El hombre hace a la religión".[25] A Santiago le preocupa que lo ritual se haya hecho tan importante para la iglesia que ha descuidado lo básico. La iglesia no logra llegar a los corazones por enfatizar tanto los aspectos formales de la adoración.

El físico francés, Blaise Pascal, afirmó: "Los hombres nunca hacen el mal tan completa y gozosamente como cuando es por convicción religiosa".[26] De esta realidad, tenemos evidencia en la historia así como en la era moderna. Cuando la gente hace algo en nombre de la religión, piensa que no puede tener nada de malo.

A fin de cuentas, ¿qué es la verdadera religión? ¿De qué se trata la verdadera relación con Dios? ¿Cómo saber si nuestra fe es auténtica?

Por nuestras palabras

En el versículo 26, Santiago parafraseamos lo siguiente: "Quien se cree muy santo y no cuida sus palabras, se engaña a sí mismo y de nada le sirve tanta religiosidad". Si decimos ser seguidores de Cristo y que en verdad vive en nuestros corazones, ¿cómo es que podemos usar nuestra lengua para crear todo tipo de daño y dolor y para buscar pleitos? Santiago descubrió que lo que los creyentes de su tiempo habían aprendido no concordaba con la forma en que vivían.

En este versículo Santiago se refiere a aquellos que no controlan sus palabras. No nos especifica lo que está sucediendo, pero sabe que lo que procede de la boca de esos individuos pone en evidencia lo que está en sus corazones. Podemos engañar a la gente comportándonos debidamente, vistiéndonos elegantes, asistiendo a la iglesia y cantando, pero es lo que sale de nuestra boca, las palabras que decimos cuando pensamos que nadie nos escucha, lo que pone en evidencia nuestra verdadera naturaleza. Las palabras son como una ventana de acceso al alma.

Santiago nos dice que si no podemos controlar nuestra lengua, nuestra religión no sirve para nada. Esta verdad se aplica a las palabras habladas o escritas. Un correo electrónico poco amable o a una carta llena de odio demuestra la condición del corazón tanto como una palabra airada o un comentario cruel.

El habla es una de las más grandes debilidades de los creyentes de hoy. Las palabras comunican nuestros sentimientos, revelan quiénes somos y proceden de nuestro corazón. A menudo causan mucho daño. Quizás no situemos a los pecados del habla en la misma categoría que la inmoralidad o cualquier otro de los pecados graves, pero Santiago es muy claro en esto. Si decimos ser cristianos mas nuestras palabras no lo evidencian, nuestra religión es una pérdida de tiempo.

Por nuestro servicio

¿En qué manera afecta esta religión de antaño a nuestro servicio? Una experiencia verdadera y sincera con Dios nos imbuirá con la fuerza transformadora de vida. Llegaremos a ser benevolentes. Santiago nos dice que si somos realmente religiosos, tendremos una actitud de servicio. Y da el ejemplo al hablarnos del ocuparnos de los huérfanos y las viudas.

Ahora eso no significa que tenemos que establecer un orfanato o una casa para viudas. Este no es el meollo de lo que él dice.

Santiago habla de una actitud compasiva con aquellos que son realmente indefensos. Por eso escribe acerca de los huérfanos y las viudas que no tenían a nadie que cuidara de ellos. No había seguro social, ni asistencia médica, ni albergue de gobierno. La gente necesitada tenía que confiar completamente en la bondad y la ayuda de sus amigos y familias para sobrevivir.

En la República de Moldavia, donde he hecho algo de trabajo evangelístico, el sistema económico es un lío. La persona promedio gana aproximadamente el equivalente de cincuenta dólares mensuales. Uno de los objetivos de la iglesia en ese lugar es abrir un orfanato. ¿Por qué? Porque el gobierno no puede, o no va a, tener cuidado de los niños huérfanos. Un pastor local comenzó una iglesia con él solo y en siete años creció a una membresía de mil personas. Esta gente definitivamente tiene celo por la evangelización y un deseo muy grande de alcanzar a su comunidad.

En Estados Unidos, tenemos iglesias con guarderías infantiles para ayudar a los necesitados de nuestra sociedad. Las mamás que trabajan necesitan un lugar para dejar a sus niños. La iglesia quiere hacer un aporte cristiano a las vidas de estos niños y jóvenes, por eso han empezado con los preescolares. Es acerca de esto que Santiago nos habla. Ayudar a aquellos que necesitan oír el evangelio, y tener cuidado de ellos, no sólo espiritualmente, sino también física, mental y emocionalmente.

Santiago continúa diciéndonos hoy: "Bien, usted dice que es seguidor de Jesús. Veamos lo que sale de su boca y lo que hay en su corazón. ¿Qué dicen sus acciones acerca de usted? ¿Muestra compasión hacia aquellos que lo necesitan y ayuda a los que están indefensos?".

Sé de iglesias que tienen un verdadero espíritu de benevolencia. Ayudan y cuidan a sus miembros en muchas maneras. Unas establecen un fondo especial de ayuda financiera a familias en situaciones de emergencia. Otras se reúnen para ofrecer comida, y dar ayuda a madres primerizas, personas en recuperación después de alguna cirugía o a los que están enfrentando alguna tragedia. A los ojos de Dios, esta es la gente que practica una verdadera religión pura y sin mácula.

Por nuestra separación

En el versículo 27, Santiago expone el tercer aspecto de la religión verdadera: "guardarse sin mancha del mundo". Esta es una situación complicada. No significa que no podamos disfrutar viviendo en el mundo. Algunas personas en la iglesia no han sonreído durante cuarenta años porque piensan que no se supone que los cristianos disfruten de la vida en este mundo. No veo que este principio se haya manifestado en Jesús. Él disfrutó de la vida. Disfrutó las reuniones sociales y el salir y compartir con la gente. Disfrutar de la vida no está en contraposición con el Nuevo Testamento. El Antiguo habla con frecuencia de la gente que tenían fiestas y reuniones que duraban días. En los tiempos del Antiguo Testamento, así como en los días del Nuevo, la vida piadosa tenía que ver con el gozo.

Estoy seguro de que podemos disfrutar de la vida. La separación del mundo tiene que ver con nuestras actitudes, lo que está en nuestros corazones y lo que es relevante para nosotros. Todo lo que disfrutamos en este mundo tiene que pasar a un segundo plano con respecto a nuestra meta en Cristo.

Cuando convertí al Señor, me dijeron: "Los cristianos buenos no van al cine. Las películas apoyan a la industria de Hollywood". Es verdad, el dinero que se gasta en la compra de boletos para las películas contribuye al pago de los actores y actrices y de todas las cosas cuestionables que muchos de ellos hacen dentro y fuera de la pantalla. Sin embargo, me molesta cuándo alguien dice: "Usted fue al cine. Oraré por usted". No obstante, esa misma persona asistirá a un juego de béisbol, apoyando a muchos atletas que son conocidos por hacer cosas que están en contra de Dios. En los juegos de pelota, se escucha un lenguaje obsceno y uno se expone a los fanáticos que beben cantidades excesivas de cerveza.

Este no es el punto esencial. Jesús no dijo: "Sal del mundo y nunca tengas ningún contacto con ellos". Incluso aunque Dios odie el pecado en el mundo, todavía ama al mundo, tanto que envió a su Hijo para morir por ellos. Él nos dijo que nosotros somos la luz mundo (ver Mateo 5:14). Si no tenemos ninguna interacción con el mundo, tampoco podemos ejercer una influencia santa sobre él.

Es una verdadera tragedia saber que muchos cristianos deciden no tener trato con los incrédulos a menos que tengan que hacerlo. Antes de evitar todo contacto con los incrédulos, deberíamos establecer relaciones que nos den la oportunidad de darles testimonio de nuestra fe. En algunos casos, eso puede significar ir a los cines o asistir a un juego de pelota para comenzar a forjar una relación.

En los Estados Unidos, el promedio de vida de la persona es de unos setenta y siete años.[27] ¿Por qué? ¿Sólo porque se supone que vivamos setenta y siete años? No estamos aquí por casualidad. Fuimos diseñados, creados y puestos en el planeta Tierra con un propósito. ¿Cuál es nuestro objetivo? ¿Acumular riquezas, hacernos famosos, tener poder o sólo sobrevivir? Entonces, ¿cuál es el beneficio para nosotros? No podemos llevarlo con nosotros cuando muramos.

¿Qué quiere Dios que hagamos? ¿Qué quiere Dios que seamos? Dios podría haber diseñado este proceso de modo que fuéramos inmediatamente tomados al cielo cuando lo aceptamos. Pero no lo hizo así. Nos dejó aquí en este mundo porque tiene un objetivo con nosotros. ¿Cuál es?

A menudo nos decimos uno al otro con poca sinceridad: "Dios tiene un plan para tu vida". Por desdicha, muchos de los que dicen eso realmente no están convencidos de ello. Creo que Dios tiene un plan para cada una de nuestras vidas. Dios tiene algo para que cada uno de nosotros hagamos. ¿Lo hemos descubierto? ¿Lo hacemos? ¿Somos las personas que Dios quiere que seamos?

Albert Schweitzer era un profesor de teología con un gran ministerio que decidió establecer una misión médica en África. Cuando le preguntaron por qué se hizo doctor en medicina, dijo: "Durante años me entregué como profesor de teología y predicador, desbordaba en palabras, fue una vocación que realicé con gozo... Pero esta nueva actividad [medicina] me representa no solo en amorosas palabras religiosas, sino en una vida práctica".[28]

Eso es tener un propósito en la vida.

Santiago quiere que tengamos cuidado del mundo, porque nuestra misión principal aquí es que seamos portadores del amor de Dios a la gente. Se supone que brillemos, que seamos luz y que prediquemos a otros de Dios. Para ser testigos, debemos brillar en la oscuridad, cuidando de que la oscuridad no nos absorba. Jesús le pidió al Padre por nosotros: "No te pido que los quites del mundo, sino que los protejas del maligno" (Juan 17:15).

No importa dónde estemos, en el trabajo o en la casa, en la oficina o en el camino, cuidando de la familia o terminando la universidad; Dios tiene un objetivo específico e individual para nuestras vidas. También tiene uno general para todos nosotros: reflejar con su amor a los demás, ya sea nuestras familias, amigos, vecinos o compañeros de trabajo.

Todavía tengo un largo camino que recorrer con respecto a este tema. Pienso que la mayoría de nosotros tenemos que crecer en esta área; pero el punto esencial consiste en que nos estamos encaminando en la dirección correcta. Volvamos a los tiempos de antaño, cuidemos de la gente y compartamos a Cristo con ellos.

¿Es esto real? Sólo usted conoce la respuesta a esta pregunta. Su predicación, su espíritu de servicio y su actitud hacia el mundo dicen algo sobre su fe, pero sólo usted y Dios saben lo que hay realmente en su corazón. Siga evaluando su fe, mire profundamente dentro de su corazón, y diga: “Señor, ¿soy la persona que deseas que sea?”.

Capítulo 10

ESTAS SON ALGUNAS DE MIS PERSONAS Y COSAS FAVORITAS

Hermanos míos, que vuestra fe en nuestro glorioso Señor Jesucristo sea sin acepción de personas. Porque si en vuestra congregación entra un hombre con anillo de oro y con ropa espléndida, y también entra un pobre con vestido andrajoso, y miráis con agrado al que trae la ropa espléndida y le decís: Siéntate tú aquí en buen lugar; y decís al pobre: Estate tú allí en pie, o siéntate aquí bajo mi estrado; ¿no hacéis distinciones entre vosotros mismos, y venís a ser jueces con malos pensamientos? Hermanos míos amados, oíd: ¿No ha elegido Dios a los pobres de este mundo, para que sean ricos en fe y herederos del reino que ha prometido a los que le aman? Pero vosotros habéis afrentado al pobre. ¿No os oprimen los ricos, y no son ellos los mismos que os arrastran a los tribunales? ¿No blasfeman ellos el buen nombre que fue invocado sobre vosotros? Si en verdad cumplís la ley real, conforme a la Escritura: Amarás a tu prójimo como a ti mismo, bien hacéis; pero si hacéis acepción de personas, cometéis pecado, y quedáis convictos por la ley como transgresores. Porque cualquiera que guardare toda la ley, pero ofendiere en un punto, se hace culpable de todos. Porque el que dijo: No cometerás adulterio, también ha dicho: No matarás. Ahora bien, si no cometes adulterio, pero matas, ya te has hecho transgresor de la ley.

SANTIAGO 2:1-11

Sentados frente a un lago, un joven le hace la siguiente declaración a su novia. "Sólo quiero que sepas que eres muy especial para mí", comienza diciendo. "Sé que no soy rico, no tengo una casa grande ni un yate, ni un Rolls Royce como Johnny Green. Pero te amo y quiero casarme contigo".

Su novia se quedó pensativa un momento antes de responder. "Yo también te amo con todo mi corazón... pero, ¿podrías hablarme un poco más acerca de Johnny Green?"

Aunque podamos amar a la gente por lo que son, por lo general, es más fácil amar a aquellos que tienen mucho dinero o posesiones. Tenemos algunas de nuestras cosas y personas favoritas, y tendemos a tener mayor acercamiento con la gente que tiene lo que queremos.

Cuando observamos la vida y la personalidad del apóstol Santiago, podemos entender que era un hombre apasionado. Cuando lo imagino leyendo este pasaje en voz alta, no lo visualizo haciéndolo con una voz monótona. Lo veo leyendo en voz alta, potente, enfatizando las partes clave con fervor y pasión pastoral.

"Hermanos míos, que vuestra fe en nuestro glorioso Señor Jesucristo sea sin acepción de personas" (Santiago 2:1).

La palabra *acepción* que Santiago utiliza en este pasaje significa literalmente: "dejarse llevar por las apariencias", o hacer un juicio basado en el aspecto externo de una persona. Además, es lo mismo que el favoritismo, el cual casi siempre se basa en cualidades como el aspecto físico, posición social y raza. Esa es la conducta que se espera en el mundo, pero Santiago dice que no debería ser la conducta de los verdaderos seguidores de Jesucristo.

Santiago comienza con el versículo 5 con un llamado imperativo: "Oíd". Aquí quería despertar la atención de sus lectores. Deseaba que ellos realmente escucharan lo que él estaba tratando de decirles.

Santiago pregunta a sus lectores por qué insultan al pobre y muestran preferencia con el rico. ¡Los nobles y los ricos son los mismos que los explotan y los llevan a las cortes! ¿Por qué los lectores prefieren a la misma gente que abusa de ellos?

El favoritismo [o acepción] es egoísta

Es importante destacar que los primeros creyentes eran muy pobres, económica y socialmente. Eran agricultores y artesanos, no los comerciantes ni la nobleza de aquellos días.

Si usted viaja alrededor del mundo, observará que muchas de las culturas pobres tienen una increíble apertura hacia el evangelio. Observé este fenómeno cuando estuve en Moldavia, uno de los países más pobres en toda Europa. Cuando prediqué allí, la gente respondió con mucho interés y entusiasmo, y muchos de ellos se acercaron para conocer a Jesús como su Salvador. Tenían hambre de oír acerca de Él.

Unas semanas más tarde, viajé a en Polonia, un país mucho más moderno. Los ciudadanos de esa nación tienen grandes centros comerciales, supermercados y McDonald en casi cada esquina, como los estadounidenses. Es una cultura completamente diferente a la sociedad de Moldavia. Cuando se trata de conocer a Jesús y su evangelio, la gente de Polonia no es tan receptiva como los del país más pobre.

Sin embargo, eso no significa que sólo porque alguien sea pobre sea cristiano o porque sea rico, no lo es. Pero, la mayoría de las veces, los pobres son mucho más receptivos a las cosas espirituales.

Algunas veces, cuando observo la cultura estadounidense, me pregunto: Si fuéramos pobres, ¿todavía seguiríamos a Jesús? La pobreza de algunas culturas hace que a las personas les sea más fácil seguir a Cristo. En otras sociedades, el materialismo les facilita seguirlo también. Es muy fácil para nosotros en Estados Unidos decir que somos cristianos cuando nada malo nos pasa. Nadie espera ser perseguido para luego ser quemado en la hoguera. Podemos decir que somos cristianos y todavía disfrutar de todas las cosas buenas de la vida.

Cuando estaba en Moldavia hablé con una señora que se llamaba Olga. En su inglés no muy bueno, me habló de su vida cuando vivían bajo el régimen comunista. Ella me dijo: "Cuando los comunistas nos perseguían, la iglesia estaba en avivamiento, y los cristianos también, vivíamos para servir. Todo lo que nos preocupaba era que alguien conociera a Jesús". Le pregunté qué había cambiado. "Ah, ahora es terrible", dijo. "Tenemos tanto, tantas cosas; que cada uno sólo se preocupa por lo que tiene".

De la misma forma, los primeros cristianos a quienes Santiago escribe han olvidado su objetivo. En vez de ganar a tantos como les sea posible para el Reino, están egoístamente preocupados por mostrarle su favoritismo al rico, esperando aprovecharse de ello.

Santiago les recuerda a sus lectores que los ricos son los mismos que los han explotado y arrastrados ante el tribunal. Obviamente, saben que abusan de ellos; pero muestran favoritismo para con esta gente porque esperan recibir alguna ventaja de ellos. Piensan que si muestran alguna preferencia con ellos diciéndoles: "Ven acá; toma el mejor asiento", obtendrán algún beneficio por el trato.

Santiago también quiere mostrarles a estos cristianos los beneficios de ser pobres, que no están aferrados al mundo terrenal. Por lo cual, les es mucho más fácil asirse al mundo celestial. Su actitud es: "Esta no es mi casa; estoy solo de paso. ¿Qué puede usted hacerme? No tengo una casa grande ni mucho dinero que usted pueda tomar de mí. Todo que puede quitarme es mi vida y, si lo hace, de cualquier forma es mejor que el dinero". Santiago les indica que ellos son materialmente pobres, pero ricos espiritualmente, herederos del reino que ha de venir (2:5). Él quiere que ellos entiendan que no necesitan las riquezas de este mundo para ser felices.

El favoritismo es engañoso

Santiago está disgustado porque estos cristianos muestran preferencia con la misma gente que los exprime [explota] y abusa de ellos. La palabra *explotación* [exprimir] usada en el versículo 6 tiene la connotación de un camino muy hostil y brutal; literalmente significa privar a la gente de sus derechos. Incluso, aunque sus derechos básicos estén siendo ultrajados, todavía exaltan al rico delante de todos. Ellos están engañados, no sólo por esa gente rica, sino que se engañan a sí mismos.

Santiago les recuerda que su valor no proviene de compartir con gente importante. Ellos no deberían tener preferencia con nadie, no importa cuán rico y poderoso sea.

He estado en varios eventos en los que he hablado con alguna persona famosa—un político, un músico, un actor—y la muchedumbre se ha enloquecido al verlos. La personalidad de algunos individuos ha cambiado porque en algún momento alguien los hizo sentirse más importantes.

Un día estaba sentado, leyendo un libro en un cuarto del Red Carpet Club en el Aeropuerto O'Hare en Chicago. De repente observé de reojo una gran conmoción; alcé la vista y miré al actor Danny Glover sentado a dos asientos después de mí. Un río de gente lo había rodeado para pedirle un autógrafo. Me quedé asombrado al ver cómo rápidamente la personalidad de la gente en ese lugar había cambiado.

Por desdicha, la gente que está en una posición de relevancia a menudo usa esas situaciones para obtener ventaja. En nuestra sociedad, tenemos grupos especiales de interés que van a Washington y utilizan su dinero para conseguir lo que quieren. A través de mis conferencias con una diversidad de pastores durante años, he entendido que nuestras iglesias a menudo son encaminadas por el mismo camino. Tenemos grupos especiales de interés que toman el área que tienen a cargo, y comienzan a cambiar cosas por el uso de su dinero a fin de satisfacerse sus personalidades. Tristemente, hay muchas historias de iglesias que han sido destruidas por tales grupos y sus actividades egoístas.

Tengo a un amigo que estaba siendo solicitado como pastor para una iglesia, pero no estaba seguro de aceptar el cargo.

Finalmente, la junta directiva le ofreció cincuenta mil dólares para renovar su oficina en la iglesia, entonces aceptó el trabajo. Ahora tiene una oficina maravillosamente renovada, pero no es feliz.

La gente viene a la iglesia y espera encontrar un lugar al cual pertenezcan, un lugar para adorar y servir pero, en cambio, a menudo lo que hallan es una casa de grupos de intereses especiales y política eclesiástica. A Santiago le preocupa sobremanera esa clase de situaciones que pasaba en la Iglesia primitiva. Él deseaba recordarles que mostrar preferencia por aquellos que poseen dinero e influencia es falsedad.

El favoritismo es desobediencia

La Biblia no podía estar más clara con respecto a este pasaje. Santiago dice que si mostramos favoritismo—dentro de la iglesia o fuera de ella—pecamos:

> Si en verdad cumplís la ley real, conforme a la Escritura: Amarás a tu prójimo como a ti mismo, bien hacéis; pero si hacéis acepción de personas, cometéis pecado, y quedáis convictos por la ley como transgresores. Porque cualquiera que guardare toda la ley, pero ofendiere en un punto, se hace culpable de todos (Santiago 2:8-10).

Cuando viajé a Polonia, tuve la oportunidad de visitar el campo de concentración Nazi en Auschwitz. Allí los alemanes tenían cautivos a sus prisioneros de guerra, tales como gitanos, homosexuales, judíos y cualquiera a quienes consideraran inferior o que no estuviera de acuerdo con sus creencias. Estos hombres, mujeres y niños eran obligados a trabajar, a pasar hambre e incluso a morir (o eran asesinados).

Nunca olvidaré aquella experiencia. Cuando entramos en las cámaras de gases, la gente lloraba sin tapujo. En una esquina había una hoguera con veinte mil pares de zapatos que representan una pequeña parte de las 1.1 millones de personas que fueron exterminadas en esas cámaras.

Cuando caminaba por Auschwitz, no podía pensar en nada, lo único que venía a mi mente era: "¿Cómo pudieron hacer esto los alemanes? ¿Cómo podríamos hacer esto? ¿Cómo algunos seres humanos, creación de Dios, pudieron hacer algo tan horrible a gente igual a ellos?". El favoritismo les dice: "Deshaganse de esta gente. Ellos no se parecen a nosotros, no hablan como nosotros, ni creen en la forma en que nosotros creemos, por eso vamos a deshacernos de ellos". Este evento fue una experiencia terrible que nos enseñó cuán dura y grotesca puede ser la naturaleza humana.

¿Cuál es nuestra intención? ¿Debemos preferir a la gente importante? ¿O debemos ser amorosos con todos? ¿Debe ser esto notado por los demás? ¿O debemos ser el tipo de gente que acepta a otros que pueden no mirar, pensar, vestir e interpretar el modo en que lo hacemos?

Cuando los maestros de la ley le preguntaron a Jesús cual era el más grande de los mandamientos, les contestó:

> Y amarás al Señor tu Dios con todo tu corazón, y con toda tu alma, y con toda tu mente y con todas tus fuerzas. Este es el principal mandamiento. Y el segundo es semejante: Amarás a tu prójimo como a ti mismo. No hay otro mandamiento mayor que éstos (Marcos 12:30-31).

En nuestra sociedad, el amor es causa de burla, la bondad es blasfemada y la piedad ridiculizada. El poder lo es todo. En nuestras iglesias, no estamos inmunes a este modo de pensar mundano. El poder ofrece un sustituto fácil a la difícil tarea del amor. Es más fácil ser dios que amar a Dios; es más fácil controlar a la gente que amarla.

Cuando miro mi propia vida, y pienso en Auschwitz y en este pasaje de Santiago, me pregunto: "¿Amo del modo en que Jesús ama?". Los evangelios están llenos de historias acerca de Jesús interactuando con gente de todas las clases. Me siento frustrado cuando miro mi corazón y mi vida. Debo admitir: "No, no amo así. No todo el tiempo".

¿Dónde está el amor? ¿No tiene rival esto en nuestras vidas o mostramos preferencia? ¿Tratamos a todos con respeto o tenemos a algunos de nuestros favoritos a quienes les mostramos parcialidad? Tenemos que pedirle a Dios que cambie nuestros corazones egoístas, engañosos, desobedientes en corazones amorosos, píos y compasivos que vean a las otras personas de la manera en que Él los ve.

Capítulo 11

OH DIOS, TEN MISERICORDIA DE MÍ

Así hablad, y así haced, como los que habéis de ser juzgados por la ley de la libertad. Porque juicio sin misericordia se hará con aquel que no hiciere misericordia; y la misericordia triunfa sobre el juicio.

SANTIAGO 2:12-13

Después de un servicio de adoración, una anciana habló con el nuevo pastor, que sólo tenía en la iglesia unos pocos meses. Ella le dijo:

—Soy casi sorda, y realmente no puedo oír su mensaje, pero de todas formas me gusta estar aquí en la iglesia.

El pastor, tratando de hacerla sentirse mejor, le respondió:

—No se preocupe; de todos modos, no se está perdiendo mucho.

—Lo sé—dijo ella—, es lo que muchos me dicen.

Tal vez la mujer pudo haberle mostrado un poco más de misericordia a este pobre hombre. Para algunos, mostrar misericordia es algo realmente sencillo; para otros, no lo es. Esta historia sólo representa un punto acerca del cual tenemos que pensar más: la misericordia.

Nuestra piedad será revelada ante Dios

En el capítulo 2:1-11, Santiago trata con el problema de la acepción de personas, o lo que es lo mismo: el favoritismo y la parcialidad con las personas. En los versículos 12-13, el apóstol habla de la ley suprema del amor y cómo debería dirigirnos y motivarnos en la vida. En el versículo 12 afirma: "Hablen y pórtense como quienes han de ser juzgados por la ley que nos da la libertad" (NVI).

Santiago nos dice aquí que, de acuerdo a la misericordia que mostremos o no, tendremos que rendir cuentas. La Nueva Versión Internacional no expresa el significado completo de las palabras "hablen y pórtense". La traducción literal es "como hablas y como te portas", y es un imperativo. Esto le da un sentido de urgencia. Ser misericordioso es una forma de demostrar amor, y debería hacerse regularmente. Esto debe ser un estilo de vida. Tenemos que mirar nuestras vidas y decir: "¿Es mi fe verdadera? ¿Muestro amor y misericordia a los demás?".

Más adelante Santiago plantea la idea del juicio de Dios. Este no se basa en las leyes farisaicas del legalismo, pero si en la ley del amor. Algún día, todos estaremos de pie delante Dios y seremos juzgados por Él.

La gente siempre hace un chiste de los predicadores que en sus mensajes hablan de "llamas del infierno y condenación". No cabe duda de que, a través de los años, algunos pastores han abusado con el tema del juicio de Dios y lo han usado como un modo de manipular a la gente mediante el miedo y la culpa. Sin embargo, este es un punto que debemos considerar muy seriamente, entender que un día estaremos de pie delante de Dios y que daremos razón de nuestras vidas. Esto es motivo de reflexión y de autoevaluación.

Jonathan Edwards, el gran teólogo de los años 1700 que lideró un tiempo el avivamiento en Estados Unidos, escribió un breve sermón llamado: "Pecadores en las manos de un Dios enojado". Edwards solía predicar los domingos por la noche, recostado ligeramente sobre el púlpito, leyendo sus sermones y ni siquiera miraba a la audiencia.

Cuando leyó ese sermón, una de sus líneas le llamó la atención cuando advirtió acerca de la ira genuina de Dios al condenar a la gente al infierno: "Usted pende de un hilo muy fino, con las llamas de la ira divina destellando y listas en cualquier instante a chamuscarlo y quemar el hilo hasta destrozarlo".[29] Cuando terminó de leer, la gente estaba literalmente aferrada a los pilares de la iglesia, temiendo por sus vidas. Entendieron en ese momento que si morían, tendrían que estar de pie delante de Dios para ser juzgados. Este fue un mensaje poderoso.

Hoy nos hemos ido al otro extremo. No queremos oír nada sobre el juicio, queremos que la vida cristiana se parezca a un paseo por el parque. Le decimos a la gente que Jesús estará con ellos y los bendecirá, que serán felices y estarán alegres todo el tiempo.

Desearía que pudiéramos tener un criterio más equilibrado sobre este tema del juicio. Por desdicha, muchas personas pasan meses sin pensar que algún día estaremos de pie delante del Señor para dar cuenta de nuestras vidas. Vivimos descuidadamente desde muchos puntos de vista porque no estamos conscientes de que seremos juzgados.

En 2 Corintios 5:10, Pablo escribió: "Porque es necesario que todos nosotros comparezcamos ante el tribunal de Cristo, para que cada uno reciba según lo que haya hecho mientras estaba en el cuerpo, sea bueno o sea malo". Nótese que usó la palabra *todos*. El llamado es obligatorio. Usted estará allí. Yo también. Cada uno estará allí. La palabra *comparecer* significa mostrar abiertamente—como en un proceso público—de modo que todo sea conocido.

Los que le hemos dicho sí a Jesús no vamos a ser juzgados por nuestros pecados. Nosotros podemos levantar nuestras manos y glorificar a Dios por su misericordia porque nuestros pecados fueron limpiados en la cruz. Pero los creyentes, estaremos de pie delante del Señor para dar cuenta de lo que hemos hecho con los dones y talentos que Él nos dio. Cuando seamos juzgados, Dios no sólo mirará lo que hemos hecho con nuestras manos; sino que también verá las motivaciones de nuestros corazones. Estos años que hemos vivido en la tierra, determinarán cómo pasaremos nuestra eternidad con Dios.

Tengo algunas inversiones en la bolsa, en fondos de inversión, que guardo para mi jubilación. Por suerte, hace aproximadamente veinte años que comencé a trabajar en eso, sin embargo pienso con cuidado en las inversiones que hago. ¿Cuánto más debería pensar en la inversión que hago en la eternidad, algo que será para siempre?

Cuando alguien afirma: "Hemos sido puestos aquí para ser formados como hijos de Dios por toda la eternidad." ¿Estamos haciendo lo qué Él quiere que hagamos? ¿Está siendo Cristo formado realmente en nosotros? El Señor mirará nuestras vidas, y las respuestas a esas preguntas serán reveladas en público. Qué tremendo pensamiento.

La misericordia es un requisito para los seguidores de Jesús

En el versículo 13, Santiago dice: "Porque juicio sin misericordia se hará con aquel que no hiciere misericordia". En aquel mundo romano de violencia y odio, Jesús predicaba que sus verdaderos seguidores serían personas misericordiosas. Esto era un requisito y todavía sigue siéndolo, y es indispensable.

La misericordia nunca ha sido muy popular. Los romanos la odiaban. La consideraban un signo de debilidad y la llamaban: "la enfermedad del alma". No les agradaba que alguien fuera tratado con bondad. En efecto, si en una familia nacía un bebé y el padre no lo quería por ser niña o por nacer deforme, él tenía la libertad de matarlo al instante. O si un hombre tenía un esclavo que no quería, podía dar una orden y el esclavo sería asesinado sin repercusiones legales para el dueño.

Si pensamos en todo eso, vemos cómo el odio y la venganza siempre eran la primera opción. Nuestra actitud no es por naturaleza una de gracia, misericordia o amor, pero conocemos a uno que dice: "Les mostraré; los salvaré para esto". Jesús requiere la misericordia. La misericordia es un aspecto del amor divino. El Nuevo Testamento usa tres palabras diferentes que significan misericordia, y en uno de estos pasajes el concepto de misericordia se refiere a proporcionar alivio para la miseria de alguien.

Juan Crisóstomo, uno de los padres de la iglesia primitiva dijo: "La misericordia imita a Dios, y decepciona a Satanás".[30] En Dios tiene inicio la misericordia y Jesús la implementó en su ministerio. Como seguidores suyos, deberíamos ser del mismo parecer. El cristiano no muestra que es cristiano por lo que haga. La misericordia es la acción a favor de alguien cuando hay amor en el alma de la persona.

Alguien escribió: "La misericordia es el favor inmerecido de Dios hacia una persona que se equivoca y que no puede hacer nada para ganarlo excepto sostener sus manos".

Cuando levantamos nuestras manos en oración le confesamos a Dios que no tenemos nada. De esta manera le estamos diciendo: "Padre: Necesito tu misericordia. Señor, si no fuera por tu misericordia, no podría estar de pie delante de ti". Como seguidores de Jesús, debemos mostrarles a los demás la misma misericordia que recibimos de Dios.

Se dice que durante la Guerra Revolucionaria, George Washington tenía un amigo íntimo, un pastor llamado a Peter Miller. El reverendo Miller estaba atravesando por un tiempo difícil en su iglesia por causa de un señor llamado Michael Whitman, que causaba muchos problemas durante los servicios. En cierta ocasión durante la guerra, Whitman fue sorprendido cometiendo traición, por lo que fue llevado delante del general

Washington para dar razón de lo que había hecho. Si era hallado culpable de traición, sería condenado a muerte.

Cuando el reverendo Miller supo del caso, decidió caminar cien kilómetros para hablar con su amigo, el general Washington. Y le pidió que perdonara a Whitman, Washington le contestó:

—No, Peter. No puedo concederte la vida de tu amigo.

Miller respondió:

—No, no es mi amigo. Él es el enemigo más encarnizado que tengo.

Washington se quedó perplejo.

—¿Qué? ¿Has andado cien kilómetros para salvarle la vida a un enemigo? Esto le da una perspectiva diferente a la situación. Le concederé el perdón".

Después de este incidente, el reverendo Miller y Michael Whitman se hicieron los mejores amigos. La misericordia era algo implícito en la vida del reverendo. Él entendió lo que Jesús quiso que fuera.[31]

La misericordia nos libera para aceptar y perdonar a otros

Dios ha sido increíblemente misericordioso con nosotros. Él nos ha perdonado, ha borrado nuestros pecados y nos ha hecho blancos como la nieve. Si decimos que somos seguidores de Jesús, deberíamos tratar a la gente del mismo modo, siendo clementes aun cuando no lo merezcan. La mayor cosa que podemos hacer es mostrar misericordia a través del perdón.

En Mateo 18:21-35, Jesús contó la historia de un rey que decidió reunirse con todos sus deudores. Un criado le debía diez mil talentos (varios millones de dólares en moneda actual), pero no podía pagarlo. Entonces el rey le perdonó la deuda. No le dijo: "Puede devolvérmelo luego"; sólo lo dejó ir. Entonces aquel criado fue y encontró a otro sirviente que le debía cien denarios (unos cuantos dólares). Pero como este no podía pagarle, entonces el criado que había sido perdonado (el primero) lo mandó a la prisión hasta que le pagara la deuda.

Cuando el rey oyó lo que había pasado se enojó muchísimo y de inmediato mandó a encerrar a su criado en la cárcel para que lo torturaran hasta que le devolviera lo que le debía. Jesús usó esta historia para enseñarnos que si no somos clementes con otros, Dios no será misericordioso con nosotros.

Parece que disfrutamos guardándole rencor y amargura a la gente. Nos gusta pensar que tenemos razón y que ellos están equivocados. La venganza parece ser dulce, y tenemos mil motivos para justificar nuestra manera de comportarnos. Pero Santiago es claro al decirnos que si no somos clementes, no recibiremos misericordia.

Jesús no nos sugirió que nos perdonemos unos a otros. Tampoco lo insinuó, ni nos dio una sonrisa alentadora diciendo: "Realmente deberían perdonarse uno al otro". Al contrario, Él lo ordenó. Nos parecemos al criado que debía millones de dólares. Teníamos una deuda impagable con Dios y, sin embargo, Él nos perdonó. Por eso, estamos obligados a hacer lo mismo con aquellos que nos deben y que no podrán pagarnos nunca. Esta es una marca distintiva del verdadero amor de Jesús, de modo que podamos sacar el enojo y la amargura y así decir: "Te perdono".

En 1996, una vietnamita llamada Kim fue invitada a hablar en el monumento conmemorativo de la Guerra de Vietnam, en Washington D.C., para celebrar una ceremonia del Día de Veteranos. Ella fue quemada por las bombas químicas durante esa guerra cuando apenas era una niña. Extraordinariamente, sobrevivió, gracias a diecisiete operaciones durante una estadía de catorce meses en el hospital. Más tarde, tuvo períodos de depresión debido a sus heridas, hasta que alguien la invitó a la iglesia y llegó a los pies de Cristo. En su discurso, ella dijo: "Mi cuerpo es la muestra de la bomba de fuego que me quemó.

También es muestra de la habilidad del doctor que reparó mi piel, pero solo el poder de Dios pudo curar mi corazón".

Cuando Kim miró a la audiencia y vio a los estadounidenses uniformados, expresó: "He sufrido mucho, tanto dolor físico como emocional. Muchas veces pensé que no podía vivir, pero Dios salvó mi vida y me dio fe y esperanza. Incluso si pudiera hablar cara a cara con el piloto que dejó caer la bomba, podría decirle: 'No podemos cambiar la historia, pero deberíamos tratar de hacer cosas buenas por el presente y para el futuro promoviendo la paz'".[32] Kim tuvo una capacidad asombrosa para perdonar y seguir adelante.

La ley suprema del amor es: "Haz a otros lo que quisieras que otros hicieran contigo" (Lucas 6:31). Esa ley del amor muestra la misericordia que provee perdón. Por causa de la misericordia de Dios, hemos experimentado el perdón, y nuestros pecados han sido perdonados. La fe verdadera—la fe real—nos permite perdonar a otros.

Capítulo 12

TIENE QUE TENER FE

Hermanos míos, ¿de qué aprovechará si alguno dice que tiene fe, y no tiene obras? ¿Podrá la fe salvarle? Y si un hermano o una hermana están desnudos, y tienen necesidad del mantenimiento de cada día, y alguno de vosotros les dice: Id en paz, calentaos y saciaos, pero no les dais las cosas que son necesarias para el cuerpo, ¿de qué aprovecha? Así también la fe, si no tiene obras, es muerta en sí misma. Pero alguno dirá: Tú tienes fe, y yo tengo obras. Muéstrame tu fe sin tus obras, y yo te mostraré mi fe por mis obras. Tú crees que Dios es uno; bien haces. También los demonios creen, y tiemblan.

SANTIAGO 2:14-19

Un turista camina a orillas del Gran Cañón. Se acerca demasiado al borde y resbala, pero se las arregla para aguantarse de un pequeño arbusto en la caída. Mientras cuelga allá arriba en el cañón, levanta su mirada al cielo y pregunta:

—¿Habrá alguien allá arriba que pueda ayudarme?

Una calmada y poderosa voz responde:

—Sí, hay alguien aquí arriba, y puedo ayudarte. ¿Tienes fe?

—Sí, tengo una fe muy grande—responde el hombre—. Entonces suéltate del arbusto.

Después de una tensa pausa, el turista levanta su mirada al cielo nuevamente y dice: "¿Habrá otra persona allá arriba que pueda ayudarme?".

Tener fe no es siempre fácil. Sobre todo cuando estamos lidiando con la clase de fe que Santiago menciona en este pasaje.

La fe descansa en Dios

En la Iglesia primitiva, hubo algunos falsos maestros que decían que la fe era lo único que se necesitaba para salvarse. No importaba el estilo de vida del creyente; la manera cómo trataba a su hermano en Cristo no era relevante. Todo lo que importaba era que tuviese fe.

Santiago afirma que las obras hechas con amor son una evidencia de fe, porque la fe es activa.

¿De qué clase de fe está hablando Santiago? La palabra *fe* es usada de varias maneras en las Escrituras, pero usualmente significa "creencia" y "confianza". Es descansar en Dios y un compromiso con su palabra.

La fe es la doctrina clave de la vida cristiana porque somos salvos por fe y caminamos por fe. Es importante que tengamos el ideal de fe que debe ser. En este pasaje veremos tres cosas a las que nos lleva la fe: Obras, rendición, crecimiento y servicio.

La fe verdadera conduce a las obras

Martín Lutero tenía un problema con el libro de Santiago. Estaba especialmente preocupado por este pasaje de la fe y las obras. Lutero habló en contra de la Iglesia Católica Romana por su teología corrupta. Mientras estudiaba Romanos 1:17, vio que la persona es justificada por la fe y sólo por la fe. Las indulgencias que vendía la iglesia, no tenían poder para perdonar pecados. Sin embargo, cuando pronunció sus opiniones, se encontró a sí mismo en conflicto.

Lutero era catedrático de estudios bíblicos en la Universidad de Wittenberg cuando empezó a luchar con este nuevo concepto de la fe. Más tarde escribió: "Luego entendí que la justicia de Dios es la justicia por la cual, a través de la gracia y pura misericordia, Dios nos justifica mediante la fe. Por lo tanto, sentí que nací de nuevo y que había pasado por las puertas abiertas hasta el paraíso".[33]

Lutero se dio cuenta de que la Iglesia no podía salvarlo, ni aun sus buenas obras serían suficientes para ganar la salvación. Él sería salvo y justificado por Dios, solamente por fe en lo que Jesucristo hizo en la cruz por él.

Lutero vio este pasaje en Santiago (al igual que usted) y pensó: "¿Están Pablo y Santiago en desacuerdo en algo? Pablo enseña que la salvación es solamente por fe. Santiago dice que la fe sin obras es muerta. ¿Es esto una contradicción?".

La respuesta es absolutamente; no. En realidad, Pablo y Santiago se complementan.

Primero que todo, Pablo se refiere al tiempo antes de la conversión y Santiago al tiempo posterior a esta. Pablo nos enseña que las obras de una persona no lo llevan al cielo. La salvación viene solamente a través de una relación personal con Jesucristo. Al contrario, Santiago afirma que si una persona verdaderamente tiene esta relación, si esta fe es real, si es un verdadero seguidor de Jesús, entonces su vida mostrará su fe naturalmente. Mientras ese individuo camine con Cristo, su vida mostrara los frutos del Espíritu a través de sus obras.

En Efesios 2:8-9, Pablo declara: "Porque por gracia sois salvos por medio de la fe; y esto no de vosotros, pues es don de Dios; no por obras, para que nadie se gloríe". La frase: "… y esto no de vosotros" ha creado una gran controversia por muchos años. Algunos podrían argumentar que esto prueba que las obras no son necesarias para la salvación. Sin embargo, si continuamos leyendo, podemos ver que en el versículo 10 Pablo dice: "Porque somos hechuras suya, creados en Cristo Jesús para buenas obras, las cuales Dios preparó de antemano para que anduviésemos en ellas".

Pablo conocía la importancia de las obras. Sin embargo, quería recalcar que a través de ellas no se puede ganar la vida eterna, lo cual es sólo a través de la fe en Jesucristo.

No obstante, una vez que la persona toma esa decisión, su vida mostrará su fe a través de las obras, o sea, las cosas que hace por otros. Por eso es que Santiago indica: "Hermanos míos, ¿de qué aprovechará si alguno dice que tiene fe, y no tiene obras? ¿Podría la fe salvarle?" (2:14).

La verdadera fe conduce a la rendición

Tuve la oportunidad de escuchar a Os Guinnes, uno de los pensadores más grandes de nuestro tiempo, hablar en Ámsterdam hace varios años. Habló de cuatro niveles conscientes e inconscientes que debemos internalizar para tener una fe saludable.

Primero, debemos estar conscientes de nuestra vida sin Dios. Este es el punto en la vida donde decimos: "Ya no tengo recursos. No puedo salvarme. Dios, te necesito".

Segundo, debemos ser conscientes de que si el cristianismo es verdad, es la respuesta a este dilema.

Tercero, debemos tomar conciencia de que el cristianismo es en efecto verdadero. Ese es el paso de fe.

Cuarto, debemos estar listos para elegir el cristianismo y comprometernos con nuestra elección pese a las consecuencias. Eso significa creer no sólo con nuestras emociones, sino también con nuestra voluntad. El intelecto solo no nos salva.

Santiago menciona que hasta los demonios creen en Dios. Obviamente ellos no son seguidores de Jesús. Creen en sus mentes, pero no han activado su voluntad para seguir a Jesús de cualquier modo. Ellos no se han rendido a Dios.

Cuando pienso en la rendición, recuerdo las palabras del himno "Todo a Cristo yo me rindo":

> Todo a Cristo yo me rindo con el fin de serle fiel, para siempre quiero amarle y agradarle sólo a Él.
>
> Todo a Cristo yo me rindo a sus pies postrado estoy, los placeres he dejado y le sirvo desde hoy.
>
> Todo a Cristo yo me rindo, sí de todo corazón, yo le entrego alma y cuerpo busco hoy su santa unción.[34]

Como estadounidenses, a menudo tenemos problemas con el concepto de rendirnos. La idea de rendir nuestra voluntad a Dios se contradice con el concepto de nuestra sociedad. El mantra: "Nadie va a decirme qué hacer" es tan americano como el béisbol, los perros calientes y el pastel de manzana de mamá.

No queremos someter nuestra voluntad. No tenemos ninguna intención de rendirnos. No queremos a alguien diciéndonos qué tenemos hacer. Muy pocos podemos decir con franqueza: "Me rindo totalmente".

Hoy, cuando oímos que una familia va a África como misioneros, a menudo los miramos con compasión y decimos: "Oh, eso es muy duro. Tienen que dar mucho, todo lo que tienen aquí". Hace cien años, ellos se habrían sentido honrados, reverenciados y respetados. Algo se ha perdido en nosotros.

Tengo un amigo en San Diego cuya hija trabaja para la Agencia Central de Información (CIA, por sus siglas en inglés). Puedo decir que está muy orgulloso de ella. Por supuesto, es algo muy importante, ¿cuánta gente sabemos que trabaja para la Agencia Central de Información? Pero ¿cuánto más orgullosos deberíamos estar de nuestros amigos y familiares que van a las misiones y que dedican su vida al ministerio? Ellos no trabajan sólo para altos funcionarios del gobierno; trabajan para Dios, el Rector del universo, el Creador de todas las cosas.

Si Dios nos llamara a un lugar lejano para servirle, ¿iríamos? ¿Podríamos rendir nuestra voluntad? Rendirnos por completo y decir con sinceridad: "Dios, aquí estoy. Voy a dejar de vivir para mí. Esto no se trata de mi voluntad. Es de ti y de lo que quieres que yo haga". Podemos haber conocido a Dios durante mucho tiempo; realmente podemos ser movidos por las canciones de alabanza o los himnos que cantamos, y tenemos sentimientos buenos hacia Dios, pero ahora es el tiempo de poner en acción nuestra voluntad y seguirle realmente.

Andrew Murray, un misionero sudafricano, escribió: "Encontramos la vida cristiana muy difícil porque buscamos la bendición de Dios mientras vivimos en nuestra propia voluntad. Nos alegraríamos de vivir la vida cristiana según nuestro propio gusto".[35]

Este es un problema enorme porque hay iglesias en Estados Unidos que están llenas de gente dominguera que no tiene ninguna intención de hacer algo para Dios durante la semana. Simplemente se sientan cómodamente a escuchar el sermón, y algunas veces lo toman y lo aplican a sus vidas.

Si usted y yo hicimos la oración de confesión cuando entregamos nuestras vidas al Señor a los seis años, y nada ha pasado desde entonces, si no hemos tenido ningún crecimiento o cambio, deberíamos detenernos y examinar nuestros corazones. ¿Ha ido alguna vez nuestra fe más allá del conocimiento de Dios en la voluntad de servirle activamente?

En Mateo 7, Jesús advierte contra la gente que proclama su nombre, pero no dan buenos frutos. Él nos recuerda: "No todo el que me dice: Señor, Señor, entrará en el reino de los cielos, sino el que hace la voluntad de mi Padre que está en los cielos" (v. 21).

No solamente porque hiciéramos la oración de confesión, cuando niños (o adultos), significa que tenemos un boleto gratis para ir al cielo. Esto no es verdadera fe. La verdadera fe activa el intelecto, las emociones y la voluntad. Esta clase de fe dice: "Sí, seguiré a Jesús".

La fe verdadera nos conduce al crecimiento y al servicio

Hace varios años, fui al doctor por algunos problemas del corazón. Los médicos ataron "un monitor programado de rastreo con una correa" a mi pecho, lo tuve que llevar puesto durante dos semanas. Siempre que sintiera algo que no estuviera bien en mi corazón, yo pulsaría un botón, y la máquina registraría lo que pasaba con mi pecho. Diferentes cosas agravaban el problema: las turbulencias en un avión, los momentos de enfado o los viajes a la cafetería Starbucks.

Después de dos semanas, los técnicos conectaron el monitor a una máquina para ver cuáles eran los resultados. Me daba un poco de temor saber que alguien iba a ver lo que había estado ocurriendo dentro de mí.

¿Ha entendido usted que Dios monitoriza nuestros corazones? Usted y yo tenemos un "monitor de rastreo espiritual" dentro de nosotros, y no lo sabemos. Podemos tratar de llevar esta vida cristiana como si todo es maravilloso, aunque Dios mire nuestros corazones. Él sabe cuáles son las intenciones de nuestro corazón.

Santiago nos dice que la fe sin obras, sin cambios, sin misericordia, no es en absoluto verdadera fe. Es fe falsa. Y sólo nosotros y Dios sabemos si nuestra fe es verdadera o no.

Por eso, la Biblia habla de dones espirituales. Cada cristiano debería servir; cada creyente debería dar. Jesús debería afectar cada área de nuestras vidas, nuestro tiempo y nuestro dinero.

Si Dios es rico en misericordia y su amor es maravilloso, ¿por qué no querríamos rendirnos a Él? Sabemos que nos ama. Sabemos que busca nuestros mejores intereses. Entonces, ¿por qué luchamos con esta cuestión? ¿Por qué no rendimos todo a Él si Él sabe lo que es mejor para nosotros? ¿Quién va a tener cuidado de nosotros mejor que Dios?

Oro porque usted sea capaz de experimentar el entusiasmo de ver el crecimiento espiritual de su vida. Nada es más satisfactorio que negarnos a nosotros mismos y decirle sí a Dios.

Capítulo 13

¿CUÁN GRANDES SON SUS PENSAMIENTOS?

¿Mas quieres saber, hombre vano, que la fe sin obras es muerta? ¿No fue justificado por las obras Abraham nuestro padre, cuando ofreció a su hijo Isaac sobre el altar? ¿No ves que la fe actuó juntamente con sus obras, y que la fe se perfeccionó por las obras? Y se cumplió la Escritura que dice: Abraham creyó a Dios, y le fue contado por justicia, y fue llamado amigo de Dios. Vosotros veis, pues, que el hombre es justificado por las obras, y no solamente por la fe.

SANTIAGO 2:20-24

En Marcos 9:17-27, un padre que amaba mucho a su hijo estaba en agonía. Por alguna razón su hijo no podía hablar. Estaba plagado de ataques epilépticos, lo cual le hacía convulsionar en el piso y botar espuma por la boca. Él había llevado su hijo ante los discípulos de Jesús pero no habían podido ayudarlo. Parecía que no había esperanza para el muchacho.

Pero, entonces, este turbado padre trajo a su hijo ante Jesús. El Maestro le preguntó por cuánto tiempo había estado el muchacho de esa manera; el padre le dijo que el demonio que le causaba los ataques había estado con él desde su niñez. Informó, además, que el espíritu a menudo tiraba al muchacho al fuego o al agua. "Ten compasión de nosotros y ayúdanos", rogó el padre (9:22).

Jesús le dijo al hombre que todo es posible para aquel que cree. "E inmediatamente el padre del muchacho clamó y dijo: Creo; ayuda mi incredulidad" (9:24).

¿Ha clamado usted alguna vez en su vida: "Dios, ayuda mi incredulidad?" Cuando el padre le pidió a Jesús: "Ayúdanos" esta palabra significaba: "ayuda instantánea". Él quería que su hijo se curara enseguida. Pero, la segunda vez que usó la palabra *ayudar*, significaba: "una ayuda continua". Él estaba diciendo: "Señor, yo creo, pero necesito que me ayudes a seguir creciendo, porque mi fe es muy pequeña".

No sólo necesitamos fe al momento de la salvación, también la necesitamos en nuestro diario vivir. Cada mañana que nos despertamos necesitamos fe, para poder permanecer con Jesús en cada situación que nos encontremos.

La fe es perfeccionada por las obras

Alguien señaló cierta vez: "No podemos elegir nuestros parientes, pero sí nuestros pensamientos, y estos nos influencian mucho más".

Santiago está señalando en este pasaje que la fe debe estar acompañada de acción. Hablar es barato. Cualquiera puede decir: "Sí, soy cristiano", sin tener ninguna evidencia que lo respalde. No hay crecimiento, no hay cambio, no hay renovación.

Santiago usa esta ilustración. Suponga que una persona nos llega, desnuda y hambrienta, y le damos la respuesta judía típica: "¡Ve en paz!" ¿Qué hemos hecho realmente por ese individuo en necesidad?

Cuando vemos a alguien con una necesidad, ¿qué le decimos? "Voy a estar orando por ti", es la respuesta típica. Santiago afirma que eso no es suficiente. Si verdaderamente somos seguidores de Jesús, cuando vemos a un hermano o una hermana en necesidad, debemos hacer algo con respecto a esa necesidad.

Santiago trae a colación a Abraham. Si conoce la historia, recordará que Dios vino a Abraham y le pidió que presentara a su hijo Isaac como sacrificio. Abraham procedió a hacer lo que Dios le pidió y, al final, Dios salvó a su hijo (vea Génesis 22:1-18). Santiago dice acerca de Abraham: "Su fe y sus obras actuaban conjuntamente, y su fe llegó a la perfección por las obras que hizo" (2:22, NVI).

Santiago concluye que "el hombre es justificado por las obras, y no solamente por la fe" (2:24). ¡Un momento! ¿Está él contradiciendo directamente lo que enseña Pablo? En realidad, Santiago emplea la palabra *justificado* de una manera diferente. Además de significar ser probado recto o justo, la palabra también puede significar: "ese aspecto de juicio" como en Mateo 12:37 donde Jesús dice: "Porque por tus palabras serás justificado, y por tus palabras serás condenado".

La fe de Abraham fue juzgada por sus obras. Cuando Dios le pidió que hiciera lo que parecía impensable, lo hizo. Abraham probó su fe con sus obras. ¿Cómo pudo Abraham estar dispuesto a dar a su único hijo? Una razón es que tenía grandes pensamientos acerca de Dios.

La fe comienza y termina con nuestros pensamientos acerca de Dios

Al ir leyendo a través del libro de los Salmos, vemos la grandeza de Dios, su poder, su amor, su presencia, su majestad y su compasión; esto hace que nuestros pensamientos acerca de Dios continúen creciendo. ¿Cómo tenemos fe? Cultivando nuestra relación con Dios, pensando en su maravillas. Entendiendo que Él es poderoso.

Nuestros pensamientos son realmente los que accionan nuestra fe. Alguien dijo: "Tú no eres lo que piensas que eres. Eres lo que haces". Esto es muy real cuando se trata de cómo vemos a Dios.

Gandhi tenía un dicho favorito con respecto a los cristianos de Gran Bretaña. Él decía: "Si los cristianos vivieran realmente de acuerdo a las enseñanzas de Cristo, como se encuentran en la Biblia, toda la India sería cristiana hoy".[36] La manera en que vivimos revela qué creemos acerca de Dios. Muestra si tenemos grandes o pequeños pensamientos acerca de Él.

Los pensamientos corren por nuestras cabezas todo el día. Creamos ideas, imágenes y escenarios acerca de cómo van a ir nuestras vidas. En nuestras mentes, también hemos creado una imagen de Dios. Nuestra fe comienza y termina con nuestros pensamientos acerca de Él.

Una persona puede vivir sin aire por unos pocos minutos, sin agua por unos cuantos días y sin comida por unas cuantas semanas. Sin embargo, tristemente podemos vivir año tras año sin tener un nuevo pensamiento acerca de Dios y de su grandeza y majestad.

¿Cómo pudo Abraham levantar el cuchillo para matar a su hijo? La razón: él tenía grandes pensamientos sobre Dios. Me pregunto: ¿cuán grandes son nuestros pensamientos en cuanto a Dios?

La fe no mantiene a Dios en una caja

Cuando me convertí al Señor, quería crecer en mi fe. Al ir leyendo la Biblia, descubrí que Dios podía hacer cosas increíbles. Pero, en lugar de ser animado, me decepcioné al escuchar a mis profesores decir: "No, Dios no hace eso más. Él no habla así ni sana así". Ellos colocaron a Dios en una caja; parecía que amaban más su teología sistemática que a Dios mismo.

Nosotros definimos y explicamos a Dios con nuestros pensamientos y nuestras palabras. Le decimos a la gente: "Esto es lo que Dios hace y lo que no hace". ¿Por qué hemos reducido la vida cristiana a lo que podemos explicar? ¿Por qué rechazamos lo sobrenatural? Dios es demasiado grande para estar confinado por nuestra habilidad limitada de hacerlo explicable.

Estaba sentado en la habitación de un hotel en Orissa, un estado de la India, durante un punto crítico en mi vida. Estaba leyendo en el Evangelio de Marcos acerca del poder, la sanidad y la intimidad con Dios. Al mirar por la ventana, pude ver decenas de personas con una variedad de problemas; unos eran ciegos, otros eran cojos, algunos eran sordos. Comencé a pensar: "¿Por qué no puede este mismo poder del que estoy leyendo en Marcos ser desatado aquí mismo en la India?".

En ese momento, estuve muy cerca de abandonar todo. Cuando estaba sentado en esa habitación, viendo mi Biblia y mi vida, me di cuenta de que las dos no concordaban. Quería alejarme de todo.

En 1995, las cosas comenzaron a cambiar. Comencé a hablarle a Dios sinceramente. Dije: "Padre, vamos a comenzar desde el principio. Señor, quiero conocerte y conocer el poder de tu resurrección. Quiero conocerte Jesús y ser lleno con tu Espíritu. No quiero simplemente hablar de ti; quiero conocerte. Quiero aferrarme a ti, no a una doctrina, un credo o un sistema. Quiero conocerte profundamente". En ese momento determiné que nunca más nadie me diría lo que debía pensar acerca de Dios.

Dios rompe las cajas en las que queremos colocarlo. Él es más grande que nuestras mentes finitas; va más allá de lo que podemos pensar o imaginar (vea Efesios 3:20). A través de su profeta, nos dice: "Porque mis pensamientos no son vuestros pensamientos, ni vuestros caminos mis caminos" (Isaías 55:8).

Abraham tuvo grandes pensamientos acerca de Dios. Tuvo una gran visión de quién es Dios. Su fe fue creciendo. Así que, aquí Santiago les está diciendo a sus lectores: "Ustedes pueden decir que tienen fe; pero, si no salen y hacen algo para ayudar a otros, ¡su fe es muerta!".

La fe requiere que usted se mueva

Hace varios años, mientras mi padre y yo estábamos hablando por teléfono, él me preguntó:

—Si pudieras hacer algo con tu vida, ¿qué harías?

Yo lo pensé y dije:

—Empezaría mi propia organización ministerial.

—Y, ¿qué te detiene?—me preguntó.

Después de colgar el teléfono, pensé por un rato en su pregunta. ¿Por qué no podía comenzar una? La respuesta fue una pequeña palabra: *temor*. Mi visión de Dios era tan diminuta, tan patética, tan impía. Pensaba que Él me dejaría salir allí, caminar sobre el agua y luego me dejaría hundir y ahogarme. Finalmente, fui a Dios en oración y le dije: "Padre, lo siento. Te he hecho tan pequeño. Te he dado tan poco espacio para que obres en mí. Perdóname. Dame nuevos pensamientos".

Ha habido tiempos en que he perdido mi fe—no en mi salvación, sino mi fe diaria—porque mis pensamientos acerca de Dios han sido muy pequeños. Lo bueno es que no tenemos por que quedarnos con ellos.

Pídale a Dios que le dé pensamientos grandes acerca de Él. No permita que una idea preconcebida le diga lo que Dios puede o no puede hacer. Deje que Él le muestre su grandeza y su poder.

La fe no es fácil. Yo lo estoy aprendiendo. Como persona analítica, me gusta decir: "Voy a hacer esto; voy a cambiar aquello. Va a funcionar". Pero las cosas no siempre suceden de la manera que planeamos. No siempre sabemos cómo va a dirigir Dios nuestros senderos.

Comencé mi propia organización ministerial. Miré mi temor a los ojos y le dije: "Esta bien, Dios, tú eres más grande que esto". Puse a Dios a prueba, y me hizo humilde llevándome a donde nunca pensé. En vez de convertirme en lisiado, Dios me levantó y me dijo: "Tú diste el paso de fe; ahora te llevaré el resto del camino".

Usted puede haber estado antes en un punto crítico en su vida. Puede estar allí ahora mismo. Si es así, le animo a que lea lo que los salmistas dicen acerca de Dios, acerca de la grandeza y majestad de nuestro Creador. Revise las cosas que Él ha hecho en el pasado, y entonces confíe en Él para el futuro.

En la cultura judía, la gente está siempre repitiendo las historias de las grandes cosas que Dios ha hecho. A menudo, se sientan con sus familias y comienzan: "¿Recuerdas cómo dividió Dios el Mar Rojo?" O sonríen mientras preguntan: "¿Sabes cómo salvó Dios a su pueblo de los filisteos?".

Necesitamos nuestras propias historias. Qué testimonio poder sentarnos con nuestros familiares y decirles: "¿Recuerdas cuando Dios hizo esto por nosotros?".

No sé usted, pero no quiero vivir de la experiencia de otra persona. En verdad, puedo leer acerca de Hudson Taylor y de los otros gigantes de la fe cristiana, y puedo ser edificado por sus vidas. Pero, ¡Dios ha hecho tanto en mi propia vida! Quiero que mi fe en Él sea edificada porque di un paso en fe, y Él probó ser fiel.

Oro porque usted sienta lo mismo y que también dé el paso de fe, confiando totalmente en que Dios probará que es fiel a su vida.

Capítulo 14

SEÑOR, AYÚDAME A CREER

Y se cumplió la Escritura que dice: Abraham creyó a Dios, y le fue contado por justicia, y fue llamado amigo de Dios. Vosotros veis, pues, que el hombre es justificado por las obras, y no solamente por la fe. Asimismo también Rahab la ramera, ¿no fue justificada por obras, cuando recibió a los mensajeros y los envió por otro camino? Porque como el cuerpo sin espíritu está muerto, así también la fe sin obras está muerta.

SANTIAGO 2:23-26

Un estudiante universitario quiere trabajar para mantener sus estudios, así que decide ir de puerta en puerta buscando trabajos extraños. Va a un vecindario rico, camina hacia una linda casa y toca la puerta. Cuando un hombre le responde, el estudiante le dice:

—Buenos días, señor. Estoy tratando de trabajar para pagar mis estudios universitarios haciendo trabajos extraños. ¿Tiene algo que yo pueda hacer?

—Grandioso. Me gustaría ver a un estudiante universitario con entusiasmo por trabajar—respondió el hombre—. Te daré cincuenta dólares por pintar mi porche. Hay un pote de pintura verde atrás en el cobertizo.

El estudiante trabaja arduamente pintando y, cuando al fin termina, viene de nuevo a la puerta y toca. Cuando el hombre lo ve allí, sudando y cubierto de pintura verde, le dice:

—Vaya, realmente has trabajado fuerte. Te voy a dar un bono. Aquí tienes cien dólares por pintar mi porche.

—Estupendo, gracias—dice el universitario—. Realmente se lo agradezco. Entonces, al comenzar a alejarse, se devuelve y dice:

—Por cierto, no es un Porsche lo que tiene atrás. Es un Ferrari.

El hombre tenía fe en que el estudiante universitario sabía lo que estaba haciendo. Por desdicha, su fe estaba mal ubicada.

Para Dios no es suficiente que digamos simplemente: "Sí, tengo a Jesús en mi corazón", y que no hagamos nada para probarlo. Nuestra fe es importante para activar nuestra voluntad, para motivarnos e inspirarnos a hacer algo por Dios.

La fe comienza y termina con nuestros pensamientos acerca de Dios. Lo grande que pensemos que Dios es, determina lo que hagamos por Él en fe. Hemos visto el ejemplo de Abraham que, por cuanto dio un paso de fe, "fue llamado amigo de Dios" (2:23). Santiago dice que una persona es justificada por lo que hace y no por su fe solamente. En otras palabras, hablar es barato.

La fe no está desprovista de emoción

Abraham no era un robot. En Génesis 22:1-2, cuando Dios le dijo a Abraham que tomara a su hijo Isaac y lo ofreciera en el altar, Abraham ciertamente tuvo algunas emociones fuertes pesando en su corazón. Él no pudo decirle a Dios simplemente: "Está bien, Señor, lo que digas", y no sentir ninguna duda, ninguna inseguridad ni ningún dolor. Amaba a su hijo y, probablemente, estaba pensando: *¿Qué es esto que Dios me está pidiendo?*.

Las emociones son generadas por los pensamientos. Abraham tenía emociones, pero también tenía grandes pensamientos acerca de Dios. Él permitió que sus pensamientos permanecieran en la majestuosidad y poder de Dios, y fue capaz de dar el paso de fe y decir: "Está bien, Dios, voy a hacer lo que me digas, porque sé que eres grande y poderoso y que me vas a llevar a través de esta situación".

Algunas personas permiten que sus emociones controlen cada aspecto de sus vidas. Cada decisión, cada respuesta, todo lo que hacen es una montaña rusa emocional. Tienen alturas emocionales, donde todo es grandioso; luego, llegan las bajadas, donde todo es muy oscuro. Esta puede ser una manera nada saludable de vivir.

La gente me pregunta: "Dan, ¿estás siempre arriba?". En realidad, tengo tiempos en que estoy bien abajo y lucho a través de períodos oscuros. Pero, cada vez que eso ocurre, puedo seguir el rastro hasta llegar a mis pensamientos. He tenido pensamientos superficiales o débiles acerca de Dios. He puesto a Dios de nuevo en una caja. He dicho: "Dios, no puedes hacer esto. Tú no me amas lo suficiente para hacer esto por mí. Sé que no cuidarás de mí". Me doy cuenta que cada vez que permito que esas imágenes negativas entren a mi mente, las emociones negativas pronto les seguirán.

Usted puede estar sin trabajo en este momento. Quizás esté pensando:

No hay esperanza. Nunca voy a encontrar trabajo. Nadie va a querer emplearme. Cuando usted comienza a pensar de esa manera, sus emociones comienzan a seguir ese pensamiento, y muy pronto estará en una espiral bajando por el camino de la negatividad. Algunos hacemos eso con bastante regularidad. Continuamos bajando por esa espiral y sufrimos de depresión por nuestro pensamiento y las imágenes que hemos creado en nuestras mentes.

Una vez leí un editorial que decía:

> El mundo es demasiado grande para nosotros. Están sucediendo demasiadas cosas, muchos crímenes, demasiada violencia y emociones. Aunque intente todo lo que pueda, siempre va a quedar atrás en la carrera, a pesar de usted mismo. Es un esfuerzo incesante por

> mantener el paso y, aun así, pierde terreno. La ciencia vacía sus descubrimientos sobre usted tan rápidamente que se tambalea bajo el peso de ellos en un aturdimiento sin esperanza. El mundo político es noticia vista tan rápidamente que usted pierde la respiración tratando de mantener el paso con quién está adentro y quién está afuera. Todo es alta presión. La naturaleza humana no puede soportar mucho más.

Lo interesante es que este editorial fue publicado en el *Atlantic Journal* en la década de los años 1830.[37] El mundo no ha cambiado mucho para las personas que ven la vida con emociones oscuras.

Si vemos todo de una manera negativa, si sacamos a Dios de cada situación, nunca vamos a hacer algo para Él. La fe viva es esa que causa que nos movamos, esa fe que hace que activemos nuestra voluntad en obediencia a Dios.

Nuestra fe crece en la medida que crecemos

Taylor, mi hijo de cinco años, me informó un día que no quería crecer. Me dijo que iba a quedarse pequeño para siempre porque no le gustaba ir a la escuela. (Pienso que sus hermanos lo han estado "discipulando".) Pero, la verdad es que todos crecemos, y lo mismo hace nuestra fe.

Al observar la vida de Abraham, podemos ver que su fe no siempre fue como leemos en estos versículos de Santiago. Dos veces mintió acerca de su esposa diciendo que era su hermana (vea Génesis 12:10-13; 20:1-2). Tuvo fracasos y situaciones en su vida en las que echó a perder todo; pero, siempre aprendió algo nuevo acerca de Dios. Dios lo probó, y su conocimiento acerca de Él aumentó. Su fe creció, no porque leyera un montón de libros acerca de Dios, sino porque vivió con Él personalmente. La fe no termina con la salvación. Continúa creciendo a través de nuestras vidas.

Hace poco llevé a mi esposa, Deb, a ver al médico ya que tenía que hacerle una batería de exámenes. El doctor explicó que iba a realizar un procedimiento en el cual metería un tubo por su garganta, vería su esófago y cortaría algo de allí. Nos pintó un cuadro horrible y, ¿cómo respondió ella? No preguntó: "¿Puedo ver sus credenciales? ¿Puede darme algunas referencias? ¿Ha hecho usted esto antes?" Simplemente dijo: "Está bien, lo que usted necesite hacer".

Su fe ha crecido. Ella ha tenido tres niños y le sacaron la vesícula biliar; todo lo que el doctor le decía que iba a suceder, ocurría. Así que no se preocupaba si el doctor le decía lo que iba a hacer. Confiaba en que iba a funcionar.

Nuestra fe necesita crecer. Mientras intentemos controlar a Dios, nuestra fe se estancará. Es cuando Él nos lleva a las aguas profundas que nuestra fe crece. Algunas veces, sólo tenemos que decir: "No sé cómo va a funcionar esto; no tengo todas las respuestas a esta situación; pero voy a confiar en Dios". Es ahí cuando nuestra fe aumenta.

Así que, cuando Dios le pidió que sacrificara a su único hijo, Abraham dijo: "Está bien, Señor, lo que quieras", y levantó el cuchillo. Entonces, Dios le dijo: "Detente. Yo sólo quería ver si estabas creciendo. Quería saber si realmente confiabas en mí, si realmente tienes tu fe afianzada en mí" (Génesis 22:9-12, versión libre).

En su encuentro con el centurión romano, Jesús dijo: "No he encontrado en Israel a nadie que tenga tanta fe" (Mateo 8:10). Cuando calmó la tormenta para sus discípulos, afirmó: "¿Dónde está su fe?" (Lucas 8:25). A los hombres ciegos que le pidieron que los sanara, les dijo: "Se hará conforme a su fe" (Mateo 9:29). La fe es importante para Dios.

Para ver a Dios tal cual es, para poder poner nuestra confianza en Él, debemos aprender a decir: "No sé a dónde me va a llevar esto, pero voy a salir de todas formas". Esta es la razón por la cual necesitamos meditar en Dios.

Me gusta la historia de Marcos 2:1-12 acerca de los cuatro hombres que bajaron a su amigo paralítico por el techo de una casa donde Jesús estaba enseñando. Cuando el Maestro vio la fe de ellos, sanó al hombre. Esos cuatro tipos tenían suficiente fe para pasar todo el trabajo de bajar a un hombre a través de un techo. Ese es el tipo de fe "levanta techos" que está buscando Dios hoy.

Dios está buscando gente que diga: "No tengo todas las respuestas, pero voy a salir con fe. Voy a soñar algo para ti, Señor, y creer con todo mi corazón que puedes darme ese sueño". Dejamos de soñar porque no creemos que Dios pueda hacer realmente lo que estamos imaginando. Pensamos que el Dios de la Biblia se fue, que ya no hace más milagros.

Si nunca ha visto la película *Rudy*, necesita verla. Es la historia de un joven que quería jugar fútbol americano en Notre Dame desde que era niño. Sin embargo, él era disléxico y todo el mundo le dijo que no lo iba a poder hacer. En vez de escucharlos, salió para Notre Dame, aun cuando no había sido aceptado. Mientras que estuvo allí, se encontró con un sacerdote que, en realidad, había sido presidente de la escuela. Al contarle su historia, Rudy le dijo: "Esto es lo que quiero hacer. Todo el mundo me ha dicho que no puedo, pero voy a intentarlo".

Rudy se inscribió en Notre Dame y se inscribió en el equipo de fútbol. Todo lo que podía hacer era jugar en el equipo de práctica, porque era muy pequeño comparado con los otros muchachos. Pero, en el último juego de su último año, logró salir al campo y ver su sueño hecho realidad.

¿Cuál es su sueño? ¿Tiene alguno? Tenía uno, pero ¿lo perdió? La fe es importante, no sólo la que salva, sino la fe viva.

Nuestras palabras revelan nuestra fe

Echemos una mirada al ejemplo de Rahab en Santiago 2, versículo 25. Rahab era lo opuesto de Abraham. Aquí tenemos al patriarca y a la prostituta, un héroe y una ramera. Pero Dios obró en las vidas de ambos.

Josué envió espías a la ciudad de Jericó, y Rahab los escondió y ayudó a escapar de los hombres que estaban tratando de encontrarlos, sus propios vecinos. Ella hizo un trato con los espías. "Los ayudaré a escapar; pero, cuando regresen y eliminen la ciudad, por favor acuérdense de mí". Ellos estuvieron de acuerdo.

En Josué 2:9, 11, vemos exactamente cómo estaba pensando Rahab:

> Sé que Jehová os ha dado esta tierra; porque el temor de vosotros ha caído sobre nosotros, y todos los moradores del país ya han desmayado por causa de vosotros ... Oyendo esto, ha desmayado nuestro corazón; ni ha quedado más aliento en hombre alguno por causa de vosotros, porque Jehová vuestro Dios es Dios arriba en los cielos y abajo en la tierra.

Ella llegó al punto en que creyó en Dios y lo expuso con sus palabras.

Si no podemos apuntar a un momento o una situación en la que vimos a Dios hacer algo por nosotros, nuestra fe no está creciendo. Necesitamos estar en situaciones en las que la única salida es con la ayuda de Dios. Cada vez que nos saca de una, nuestra fe se edifica. Hebreos 11:6 dice: "Sin fe es imposible agradar a Dios". ¿Estamos agradando a Dios actuando con la fe que decimos que tenemos en Él?

Santiago le dice a su audiencia: "La fe sin obras es muerta" (2:26). Dios sigue diciéndonos lo mismo hoy. Tenemos que ir más allá de lo que pensamos que es seguro y hacer lo que sólo podemos soñar en hacer. Necesitamos dejar salir a Dios de la caja para que pueda hacer su obra. Necesitamos adorarlo como Dios, con nuestras emociones y también con nuestras mentes y nuestras voluntades; fe más obras.

La pregunta es: ¿Es esto real? Oro porque su fe sea real para usted, no una actividad matutina dominical, sino algo que experimente a través de la semana. Oro para que Dios le muestre su poder sobrenatural, su obra sobrenatural y su presencia asombrosa, al dar su paso de fe en Él.

Capítulo 15

NO HAGA COMO YO... ¡SÍ, CLARO!

Hermanos míos, no os hagáis maestros muchos de vosotros, sabiendo que recibiremos mayor condenación. Porque todos ofendemos muchas veces. Si alguno no ofende en palabra, éste es varón perfecto, capaz también de refrenar todo el cuerpo.

SANTIAGO 3:1-2

Un médico y un abogado están parados juntos en una fiesta. Mientras hablan, una mujer viene y comienza a hacerle algunas preguntas al médico sobre un dolor en su pierna. Como era un hombre amable, le dio un consejo. Después que se fue, el médico se vuelve hacia el abogado y le pregunta: "Acabo de darle quince minutos de mi tiempo. ¿Puedo enviarle una factura por los servicios profesionales que le acabo de dar?".

"Ciertamente", replica el abogado. "Ella hizo las mismas preguntas que un paciente le preguntaría a su médico, y tú le diste un consejo".

A la mañana siguiente, el médico escribe una factura para la mujer. Al mismo tiempo, el abogado escribe otra para el médico, cobrándole por el consejo legal que le había dado. El abogado le enseñó al médico algo ese día: Trata a otros como quieres que te traten.

En este pasaje, Santiago está hablándoles a los maestros. En cierta forma, todos somos maestros. Ya sea en el salón de clase, en el trabajo, en la casa, al tratar con la gente diariamente, todos estamos enseñando.

Todos somos maestros

Santiago comienza este nuevo pasaje sobre el poder de la lengua, tratando uno de los problemas que enfrenta la Iglesia primitiva. Va directamente al punto y dice: "Hermanos míos, no os hagáis maestros muchos de vosotros, sabiendo que recibiremos mayor condenación" (3:1). La cultura judía reverencia los lugares de autoridad. La oficina del rabí era muy respetada. Muchos de los discípulos judíos querían ocupar altas posiciones. Santiago les dice a ellos: "Mejor es que sean cuidadosos. Muchos de ustedes quieren ser maestros. Recuerden que, una vez que lleguen a serlo, se les va a hacer responsables de las cosas que salgan de su boca".

Santiago había estado con Jesús y sabía la importancia de vivir una vida acorde con las palabras de uno. Él no estaba interesado en simplemente adquirir o dispensar conocimiento. Estaba interesado en lo mismo que Jesús: transformar vidas. Los líderes judíos les interesaba la trasformación hasta cierto punto; pero no les gustaba regalar datos ni compartir información.

Mientras estaba en Polonia para participar en una conferencia, me quedé con una familia judía que hablaba inglés y que les gustaba hablar. Ellos compartieron conmigo cierta información de la historia judía y discutimos diferentes asuntos de la Biblia. Una mañana les pregunté: "¿Todos los judíos creen en Dios?". El padre comenzó: "No, no todos los judíos creen en Dios. Hay los que son ateos y los que son comunistas". Luego continuó hablando por treinta o cuarenta minutos más.

En la Iglesia primitiva, todo el mundo quería ser maestro. Muchos de ellos no estaban listos. Ni calificados. No tenían la experiencia. Algunos no tenían ni el don. Muchos eruditos piensan que Santiago se refiere aquí a la gente que está ansiosa por compartir lo que sabe en los escenarios de cada día, como la familia judía con la que me quedé en Polonia.

Enseñe como Jesús

Recientemente leí un libro llamado *Jesus the Pastor* (Jesús, el pastor), de John Frye. La obra explica que entrenamos pastores para enseñar mirando las epístolas paulinas, sin ver nunca cómo enseñó Jesús. Decimos que queremos seguirlo y emularlo. Si eso es así, necesitamos preguntarnos: "¿Cómo enseñó Jesús? ¿Qué era importante para Él cuando estaba ministrando en la tierra?"

Frye afirma: "Jesucristo definió la enseñanza como el entrenamiento para una forma de vida, no como la transferencia de información de una mente a otra".[38] Después que la mayoría de los estudiantes ministeriales salen del seminario, el fuego original de ver gente conocer al Señor disminuye un poco.

Al pasar cierto tiempo, esa pasión sencilla pasa a un lado del camino y es reemplazada por la disección de la Escritura y la búsqueda de un significado más y más profundo.

Jesús dijo: "El discípulo no es superior a su maestro; mas todo el que fuere perfeccionado, será como su maestro" (Lucas 6:40). Enseñar no es tener todas las respuestas (o pensar que las tenemos). Es una nueva vida con Dios. Su propósito no es impartir conocimiento, sino traer a las personas a un caminar más cercano a Dios, a una nueva experiencia con el Señor viviente.

La mayoría no necesitamos más conocimiento. En vez de eso, necesitamos actuar basados en el conocimiento que tenemos. No vamos a llegar a ser mejores cristianos porque tengamos más conocimiento. ¿Para qué estudiar la Biblia si no podemos tomar los mandamientos de Jesús más elementales y vivirlos? Llegaremos a ser mejores cristianos, mejores seguidores de Jesús, cuando digamos simplemente: "Está bien, Señor, voy a someterme a ti. Voy a hacer lo que me dices que haga".

En su libro, Frye hace una gran analogía: Si vamos en un viaje por carretera, probablemente tendremos un mapa con nosotros. Nos dirá a dónde ir y dónde podemos parar para comer algo o usar el baño. Pero, la emoción no está en conocer el mapa. Está en el viaje, la experiencia y, finalmente, en llegar a nuestro destino.

¿Debemos estudiar la Palabra de Dios, el mapa? Absolutamente, porque estaríamos perdidos sin ella. Nos dice a dónde ir y cómo llegar. Sin embargo, nuestro destino final es Dios. Nuestra meta no debe ser memorizar el mapa, sino llegar a conocer y experimentar a aquel hacia donde nos guía (ver Juan 5:39-40).

En el versículo 2, Santiago indica: "Todos ofendemos muchas veces". Él es muy transparente aquí. Los primeros cristianos estaban confrontando un problema porque les gustaban las posiciones de autoridad. A menudo, creaban divisiones por cuanto deseaban con desesperación estar en altas posiciones. Santiago les recuerda a ellos, y a nosotros, que todos somos maestros y que todos vamos a tropezar.

Aun los maestros deben continuar aprendiendo

Un maestro de alfarería dividió su clase en dos grupos. Le dijo a uno que serían evaluados por la cantidad de piezas de alfarería que completaran. Si hacían cincuenta piezas, obtendrían una A; si hacían cuarenta, obtendrían una B; y así sucesivamente. Entonces le dijo a la otra mitad de la clase que sus notas estarían basadas en la calidad en vez de la cantidad. El último día, ellos presentaron una pieza que determinaría su nota total.

Al final del semestre, aquellos estudiantes que habían producido en profusión muchas vasijas habían aprendido algo nuevo de sus fracasos y éxitos cada semana. Aquellos que iban a ser evaluados por solo una pieza se quedaron estancados por estar muy preocupados en lograrla perfecta. El primer grupo aprendió por el método del tanteo (error y ensayo), y su trabajo fue mucho mejor que el del segundo grupo. Aprendieron creciendo y experimentando.

Por desdicha, en nuestras vidas cristianas algunas veces pensamos: "Ahora tengo todas las respuestas. He leído la Biblia entera una docena de veces, y no hay nada que me quede por aprender". No importa cuán viejos seamos o cuán conocedores nos volvamos, siempre podemos continuar aprendiendo y creciendo.

Muchas veces he escuchado a pastores decir: "Bueno, he llegado a ver las cosas bajo una luz diferente" o "Ahora tengo una perspectiva distinta de este pasaje", o "Mi teología ha cambiado a través de los años". En otras palabras, han crecido. Han crecido en conocimiento, experiencia y entendimiento, así como los padres de la Iglesia que mencionamos tan a menudo. Sus ideas han cambiado al ir ganando nuevo discernimiento.

Lo más triste es la gente que ha dejado de aprender. Aun el apóstol Pablo, al final de su vida, le pide a Timoteo que le traiga los pergaminos; aún tenía que aprender más acerca de Dios (2 Timoteo 4:13). No importa nuestra edad o nuestro conocimiento, si tenemos el Espíritu de Dios habitando en nosotros podemos aprender todavía, crecer todavía y desarrollarnos mental y espiritualmente.

Hubo un tiempo en mi vida cuando veía todo en blanco y negro. Esa fue la manera que fui enseñado, y era fácil. Cualquiera que no estaba de acuerdo con mi teología, estaba equivocado. A través de los años, el Espíritu Santo ha comenzado a mostrarme que hay algunas áreas grises. A mí no me gusta el gris. El gris es duro. El gris significa que tengo que luchar con las cosas. El gris significa que tengo que ir a la cama en la noche un poco incómodo.

Como pastor, a menudo tengo que tratar con situaciones que no son en blanco y negro. Hay lo correcto y lo incorrecto, pero en general hay una mezcla gris en ambas partes. Aun cuando esa situación pueda ser inquietante en ocasiones, siempre me acerca más al Señor y me ayuda a darme cuenta de que no tengo todas las respuestas.

Todos nosotros enseñamos y, como maestros, debemos continuar creciendo. Nadie puede forzarnos a crecer. El Espíritu Santo cumple su obra en nuestras vidas.

Tuve muchos maestros en el seminario que enseñaban a sus estudiantes exactamente lo que les habían enseñado a ellos. Tenían un resumen del programa de estudios y se adherían a él. Cuando alguno de sus estudiantes les hacía una pregunta, simplemente citaban del resumen. Pero, de vez en cuando, tenía un maestro valiente que todavía seguía aprendiendo, seguía cuestionándose y, cuando le preguntaban, decía sinceramente: "No sé la respuesta de eso".

En todos mis años de educación, puedo contar con una mano los maestros que he tenido que enseñaron como Jesús. Pero hubo uno que nunca olvidaré. Yo estaba en secundaria, la primera escuela cristiana a la que asistía. Entré a la clase del señor Keller y vi a un hombre que irradiaba a Cristo. Cada día nos decía historias de cómo tuvo que detenerse y hablar con alguien para llevarlo a Cristo. Cualquier estudiante podía levantar su mano y contarle un problema, él se detenía en medio de la clase y oraba por ese estudiante.

El señor Keller siempre ha sido para mí un ejemplo de un hombre que enseñó como Jesús. Él no era rudo, malo ni "ofensivo". Simplemente nos daba información, nos mostraba una vida de total compromiso con Cristo.

Hay todo tipo de maestros. Todos nosotros tenemos diferentes dones. Pero no olvidemos que enseñar no es sólo impartir información. El buen maestro vive una vida transformada, una que hará decir a la gente: "Esa persona conoce a Jesús".

Aquí en este pasaje Santiago nos pregunta: "¿Quieren ser maestros? Entonces, mejor es que caminen el camino que Jesús caminó". En 1 Juan 2:5-6, el escritor dice de Jesús: "Por esto sabemos que estamos en él. El que dice que permanece en él, debe andar como él anduvo".

Demasiadas personas hemos dejado de intentar aprender. Estamos estancados, así como aquellos estudiantes de alfarería, tratando de hacer la vida perfecta. Dios nos está llamando a que demos un paso de fe, que caminemos con Él. Tengamos la misma pasión que Jesús tuvo para transformar vidas.

Capítulo 16

¿QUÉ TAN BUENO ES PARA DAR INSTRUCCIONES?

He aquí nosotros ponemos freno en la boca de los caballos para que nos obedezcan, y dirigimos así todo su cuerpo. Mirad también las naves; aunque tan grandes, y llevadas de impetuosos vientos, son gobernadas con un muy pequeño timón por donde el que las gobierna quiere. Así también la lengua es un miembro pequeño, pero se jacta de grandes cosas. He aquí, ¡cuán grande bosque enciende un pequeño fuego!

SANTIAGO 3:3-5

Una mujer y su vecina conversan acerca de recetas de cocina. La primera menciona una excelente receta para preparar pasteles de carne. "Tengo que darte esta receta", dice efusivamente. "Es magnífica. Cada vez que le digo a mi esposo que cocinaré pastel de carne para la cena, responde: 'Has estado trabajando todo el día. Déjame invitarte a comer a un restaurante'. Así que si no quieres cocinar, simplemente menciónale la receta a tu esposo, y te invitará a comer a un restaurante sin alegar!".

El poder de las palabras es increíble. Tienen el poder de animar y de desanimar, de liberar y de manipular. A pesar de que las palabras no se pueden ver o sentir físicamente, tienen un poder inmenso. En este pasaje bíblico, Santiago ofrece algunas ilustraciones del poder de la lengua.

La lengua no actúa por sí misma

Piense en su lengua. Muévala un poco. Ese músculo en su boca no se mueve por sí solo. Tiene que decirle que haga su trabajo. Su cerebro le envía mensajes a su lengua, pero las instrucciones vienen de su corazón. Las riendas solas no controlan a un caballo. El timón por sí solo no controla al barco. La gente utiliza riendas y timones para lograr lo que desea. Así mismo sucede con la lengua.

Jesús nos recuerda en Lucas 6:45: "El hombre bueno, del buen tesoro de su corazón saca lo bueno; y el hombre malo, del mal tesoro de su corazón saca lo malo; porque de la abundancia del corazón habla la boca". Casi nunca decimos algo a menos que primero lo hayamos pensado.

Nuestras palabras revelan lo que ya está en nuestros corazones. Eso es lo más tenebroso de nuestras palabras. Ya sea en nuestras casas, en el trabajo, con amigos o en la iglesia, siempre que hablamos, revelamos lo que está guardado en nuestro interior. La lengua no actúa por sí sola. Nuestras palabras vienen de una fuente más profunda: nuestros corazones.

Blaise Pascal escribió: "Las palabras frías congelan a la gente, las calientes la achicharran, las amargas afligen a la gente y las iracundas la llenan de ira. Las palabras amables también producen su propia imagen en el alma de los hombres y esta es verdaderamente bella".[39]

Podríamos hablar demasiado acerca del impacto negativo que nuestras palabras pueden tener en la gente. Pero también hay tremendo poder en el aspecto positivo del habla. Cuando una persona está caminando en el Espíritu, la manera en que utiliza las palabras para animar a otros es maravillosa. Sin embargo, no sólo las palabras son importantes. También lo es el espíritu en el que se manifiestan. Los oyentes pueden decir mucho del tono y la inflexión con el cual se les habla.

En todas mis experiencias viajando alrededor del mundo, nunca he estado en un país que haya tenido un dictador más cruel ni más inhumano que el que tuvo Rumania bajo el comunismo. Nicolae Ceausescu fue un hombre de absoluta crueldad. La tortura y el sufrimiento que los cristianos en Rumania han aguantado es insoportable. Aun diez años después, todavía escucho historias de las cosas horribles que el pueblo de Rumania experimentó.

Pienso en un hombre llamado Barbo, que estaba cumpliendo una sentencia de muerte en una prisión de Rumania. Había sido un prominente fiscal y miembro del partido comunista. De un día al otro, pasó de ocupar una posición opulenta e importante a una en la cual se estaba muriendo de hambre en un campo de concentración. El propósito de esos campos era mantener a los prisioneros al borde de la muerte en todo momento.

Una tarde, estaba sentado en el campo de concentración, débil y hambriento, cuando otro prisionero se le acercó y le ofreció un poco de su comida. Bardo no podía creer que ese hombre quisiera compartir su comida, pero la aceptó con gentileza. Bardo le preguntó curiosamente:

—¿Cuánto tiempo vas a estar en esta prisión?

—Unos veinte años—le respondió el hombre.

—¿Qué crimen cometiste?—le preguntó Bardo.

—Me sentenciaron por darle comida a un pastor fugitivo. Por eso me metieron en esta prisión.

Bardo notó que el hombre no tenía ira ni amargura como la mayoría de los prisioneros. Así que le preguntó titubeante:

—Entonces ¿quién te metió aquí?

—Usted señor, usted fue el abogado acusador en mi juicio. Probablemente no me reconozca, pero yo si lo recuerdo. En aquel entonces, deseé que algún día usted se diera cuenta de que es correcto y bueno darle comida a un hombre hambriento, aunque sea su enemigo. Ahora se lo puedo demostrar. Soy cristiano, y Cristo nos enseñó a pagar el mal con bien.

Ese día, Bardo estaba camino a conocer a Jesucristo. No fueron las palabras que el prisionero compartió con él lo que hizo la diferencia; fue el espíritu en el cual el prisionero las expresó.[40]

Las palabras que salen de nuestras bocas se generan de lo que está en nuestros corazones. La lengua no actúa sola. El amor y el perdón estaban en el corazón de aquel prisionero. El espíritu de Cristo le permitió darle pan al hombre que lo había mandado a prisión por veinte años.

El gran poder de la pequeña lengua

En este pasaje bíblico, Santiago nos da dos ilustraciones fabulosas. Primero, utiliza la analogía de una rienda, con la que se controla el cuerpo y la voluntad de un caballo. Yo he montado cuatro caballos en mi vida, y nunca volveré a montarme en otro. No me gustan los caballos. En realidad, tengo una razón. Los caballos pueden pensar, y eso me pone muy nervioso. Los caballos tienen cerebros y voluntad, y todo caballo en el cual me he montado se ha comportado como si estuviera poseído por un demonio. Prefiero mucho más montarme en una motocicleta sin cerebro porque sé que mi voluntad puede dominar al motor. No obstante, alguna gente tiene la destreza de montar caballos con gracia y facilidad. Esa gente puede utilizar la pequeña rienda para controlar el caballo y dirigirlo a donde quieran que vaya.

La otra ilustración que Santiago utiliza es la de un barco. Eso sí me gusta, navegar, porque me permite controlar al barco con un pequeño timón, no importa cuán fuerte sean los vientos. Para poner la analogía en términos de hoy en día, piense en el chip de una computadora. Un avión o un trasbordador espacial son controlados por un pequeño chip que contiene toda la información necesaria para volar la nave.

La lengua es un pequeño músculo, pero se jacta de grandes cosas. Proverbios 18:21 dice: "La muerte y la vida están en el poder de la lengua, y el que la ama comerá de sus frutos".

¿Cómo es que el poder de la muerte y la vida están en nuestras bocas? Romanos 10:9-10 dice: "que si confesares con tu boca que Jesús es el Señor, y creyeres en tu corazón que Dios le levantó de los muertos, serás salvo. Porque con el corazón se cree para justicia, pero con la boca se confiesa para salvación". Por nuestras palabras seremos condenados o justificados (ver Mateo 12:37). Creemos en nuestros corazones y nuestras palabras confiesan lo que creemos.

La segunda parte de Proverbios 18:21 dice: "Y el que la ama comerá de sus frutos". Si repartimos palabras dolorosas, críticas e hirientes, eso es exactamente lo que regresará a nosotros. Cosecharemos lo que sembramos (ver Gálatas 6:7); quizá no la semana que viene, o el año que viene, pero algún día veremos los resultados de las cosas que hemos dicho.

No obstante, por el lado positivo, si extendemos palabras de vida, palabras que traen sanidad y ánimo a la gente, esas palabras también regresarán a nosotros. Quizás no hoy, mañana ni la semana que viene, pero cosecharemos lo que sembramos.

Santiago dice que nuestras palabras tienen el poder de dirigir la vida de una persona. De alguna manera, ellas determinan el destino de la persona. El jurado sentencia: "Culpable" o "Inocente." El árbitro afirma: "Dentro del campo" o "Fuera del campo." El amigo dice: "Buena decisión" o "Mala decisión". Palabras increíblemente poderosas provienen de algo tan pequeño como la lengua.

Seremos recordados por nuestras palabras

Siempre es interesante oficiar funerales y escuchar lo que la gente expresa acerca de la persona que murió. Una vez que morimos, usualmente se nos recuerda por las cosas que decimos en vida.

Un día, recibí una carta del doctor Robert Schuller, que pastorea la Crystal Cathedral (Catedral de cristal). El doctor Schuller es un gran hombre con un ministerio asombroso. Apartó tiempo en su ocupado calendario para escribirme una carta en la que me expresó unas palabras de ánimo, de la Escritura, y una oración. Esa carta verdaderamente me llevó a pensar acerca del poder que tiene una palabra de ánimo.

Las palabras son potentes y poderosas. Pueden inspirar esperanza o pueden destruir sueños. Pueden comenzar una guerra o pueden sanar un corazón. Y nunca olvidemos que daremos cuenta de todas las palabras que hablamos (ver Mateo 12:36).

En 1947, un hombre llamado Jackie Robinson se convirtió en el primer afroamericano en jugar en las ligas mayores del béisbol profesional. Cuando los Dodgers de Brooklyn lo reclutaron, dieron un gran paso de fe al convertirse en el primer equipo en las mayores que permitía que un hombre negro jugara.

Cada vez que Jackie Robinson salía al campo, tenía que lidiar con muchos abucheos del público. Lo insultaban y hablaban de su madre. Todos los días tenía que escuchar esa clase de acoso verbal. Un día, Robinson se estaba cansando de la situación, así que se ponchó con las bases llenas. Cometió varios errores de campo que normalmente no hubiera cometido mientras el público estaba enfurecido. Alguien pidió un tiempo de receso, Jackie Robinson estaba a punto de dejar el campo de juego. Estaba listo para abandonar.

Un compañero de equipo, Pee Wee Reese, caminó hacia el campo de juego y puso sus manos sobre los hombros de Jackie. Pee Wee le dijo: "Jackie, déjame decirte algo. Yo creo en ti. Tú eres el mejor jugador de béisbol que jamás haya visto. Tú puedes hacer esto. Uno de estos días estarás en el Salón de la Fama, así que mantén tu cabeza en alto y juega pelota como sólo tú puedes hacerlo". El juego se reanudó y Jackie Robinson terminó anotando la carrera ganadora.

En 1962, Jackie Robinson fue admitido al Salón de la Fama del Béisbol Nacional. En su discurso, contó la historia, diciendo: "Pee Wee salvó mi vida y mi carrera ese día. Yo había perdido la confianza en mí mismo, y él me levantó con palabras de ánimo. Él me dio esperanza cuando ya no la tenía”.[41]

Hasta donde sé, Pee Wee Reese no tenía el Espíritu de Dios, sin embargo usó su lengua para devolverle vida a otro hombre. El usó sus palabras para levantar a alguien.

Nosotros le damos dirección a nuestras palabras. Examino mi vida y me pregunto: “¿Qué tan bueno soy dirigiendo a otros? ¿Les estoy dirigiendo hacia un camino egocéntrico junto conmigo? ¿Les dirijo hacia sentimientos de enojo? ¿Les dirijo hacia la negatividad y la crítica o les inspiro, les levanto y les doy esperanza? ¿Traigo palabras de fe a otros o se las destruyo con mi lengua?”.

Un hombre me dijo que yo nunca sería evangelista. Otro me dijo que definitivamente lo sería. Me regocijo porque escuché al hombre correcto. Si la gente continuamente le baja el ánimo con palabras negativas, debe hacer algo al respecto. Si ha dicho cosas que desaniman a otros, bien sea a su cónyuge, sus hijos o sus amigos, si ha causado dolor en las vidas de otros, necesita pedir perdón.

Santiago dice que la lengua se jacta de grandes cosas (3:5). ¿Por qué? Porque tiene el poder de dirigir la vida de las personas. Demos dirección, pero hagámoslo en una manera que dé ánimo, que levante y que traiga de fe. Seamos gente que verdaderamente hable de la manera que Jesús habló.

Capítulo 17

PALOS Y PIEDRAS: LA VERDADERA HISTORIA

Así también la lengua es un miembro pequeño, pero se jacta de grandes cosas. He aquí, ¡cuán grande bosque enciende un pequeño fuego! Y la lengua es un fuego, un mundo de maldad. La lengua está puesta entre nuestros miembros, y contamina todo el cuerpo, e inflama la rueda de la creación, y ella misma es inflamada por el infierno. Porque toda naturaleza de bestias, y de aves, y de serpientes, y de seres del mar, se doma y ha sido domada por la naturaleza humana; pero ningún hombre puede domar la lengua, que es un mal que no puede ser refrenado, llena de veneno mortal. Con ella bendecimos al Dios y Padre, y con ella maldecimos a los hombres, que están hechos a la semejanza de Dios. De una misma boca proceden bendición y maldición. Hermanos míos, esto no debe ser así. ¿Acaso alguna fuente echa por una misma abertura agua dulce y amarga? Hermanos míos, ¿puede acaso la higuera producir aceitunas, o la vid higos? Así también ninguna fuente puede dar agua salada y dulce.

SANTIAGO 3:5-12

Cuando niño, odiaba ir a la escuela. Muchas veces, fue una experiencia dolorosa durante mis años en primaria y secundaria. Las burlas, bromas y críticas hacían mis días largos y miserables. Un refrán estaba supuesto a hacerme sentir mejor: "Aunque me rompas los huesos con palos y piedras, nunca me herirás con tus palabras".

A los ocho años, ese dicho suena muy bien, pero a los cuarenta y ocho, me doy cuenta de lo poco cierto que es. Los palos y las piedras dejan heridas físicas que normalmente sanan en un par de semanas. Pero las heridas causadas por las palabras pueden durar mucho más. Tristemente, estas casi nunca sanan.

Leí el libro de un sicólogo que afirma que la persona común y corriente tiene cincuenta mil pensamientos al día, y que al menos la mitad de ellos son negativos. Si esa estadística es cierta, la misma atrae muchas conversaciones negativas.

En muchas formas, somos gente muy negativa. Nuestro hablar es frecuentemente negativo y crítico en todos los aspectos, en los programas de entrevista radiales, los comerciales de televisión y, por supuesto, en los debates políticos.

En nuestro estudio de Santiago, capitulo 3, hemos visto como la lengua puede ser usada para dirigir y animar. Ahora en este pasaje miraremos el poder negativo de la lengua: el poder para destruir.

En los versículos 5-6 de este capítulo 3, Santiago nos pide que observemos cómo un pequeño fuego enciende un gran bosque. Y compara este panorama con la manera en la que nuestra lengua puede encender un fuego dentro de nosotros, corrompiendo a la persona completa. Existen cuatro características del fuego que también se aplican a la lengua.

Los incendios comienzan con pequeños fuegos

En Estados Unidos, sucedió un incendio tan grande que se le ha llamado históricamente el "Gran Incendio". La gente religiosa de ese tiempo pensaba que era un juicio divino. Aquellos con persuasión política pensaron que era un acto de los comunistas. La gente común pensó que el incendio lo comenzó una vaca.

El 8 de octubre de 1871, a las 8:30 de la noche, comenzó un incendio en Chicago. Su rastro llevó al granero de los O'Learys. El incendio duró un día y medio y casi destruyó la ciudad. Más de 17,000 edificios fueron destruidos; 100,000 personas perdieron sus casas y 300 perdieron la vida. Ese gran incendio comenzó con un pequeño fuego. Ya sea que haya iniciado cuando una vaca de los O'Learys tumbó un farol o no, sólo tomó una pequeña llama para encender toda una ciudad.[42]

Santiago dice que nuestras lenguas actúan de la misma forma. La lengua puede hablar una pequeña palabra u oración, pero tiene poder para iniciar un incendio que sobrepase nuestras intenciones. El fuego es energía; las palabras que hablamos también tienen energía.

La gente quizá le haya dicho cosas que le han marcado. Un niño me dijo en el quinto grado: "Oye, de verdad que eres feo". Ahora, casi cuarenta años más tarde, todavía recuerdo su cara y lo que me dijo. Se quedó conmigo toda la vida.

Así como un gran incendio comienza con un pequeño fuego, nuestras palabras también comienzan siendo pequeñas. Pero cuando entran en la mente y el corazón de alguien, pueden crecer rápidamente.

Los incendios crecen rápidamente

Todo lo que un fuego necesita es leña y oxigeno y se propagará arrasadoramente. Una hoguera desatendida puede consumir un bosque en horas.

Mientras pescaba con unos amigos en la isla Brennan, inadvertidamente comenzamos un fuego que creció fuera de control en una instalación que pertenecía al estado de California. Miré inútilmente cuán rápido se expandió el fuego. No podíamos apagarlo, y pagamos caro por nuestro error.

Una de esas palabras que la Biblia usa para referirse a la lengua es *chisme*. Chismear es parte de nuestra naturaleza humana; en la casa, en el trabajo, aun en la iglesia. Pero no es así como deberíamos actuar siendo cristianos. Jesús dijo: "El hombre bueno, del buen tesoro del corazón saca buenas cosas; y el hombre malo, del mal tesoro saca malas cosas. Mas yo os digo que de toda palabra ociosa que hablen los hombres, de ella darán cuenta en el día del juicio" (Mateo 12:35-36).

Un rumor puede extenderse tan rápido como un chisme. He aprendido esta verdad en el ministerio y la he visto en mi vida. No hay tal cosa como un secreto. Al momento que un asunto se comparte con otra persona, se hace público. Y cada vez que se vuelve a comentar del asunto, el chisme cambia hasta que apenas se parece al comentario original.

Mi esposa vino a casa una noche, riendo al entrar por la puerta. "¿Quieres oír el último chisme de la iglesia?", me preguntó. Encogí mis hombros. "¡Todo el mundo dice que tú te pintas el pelo!"

Ahora, yo te puedo decir que nunca me lo he pintado, ni planeo hacerlo. El problema es que alguien probablemente miró mi pelo y pensó: "El pelo de Dan es bien negro y brillante, así que debe pintárselo". Sin embargo, quien sea que haya sido esa persona no tenía todos los datos reales. Mi pelo es marrón, pero cuando está mojado luce negro. Si me pongo gel, el pelo luce negro y brillante todo el día. Por fortuna, este rumor no me causó ningún dolor, y puedo fácilmente reírme de él.

Por desdicha, el chisme casi siempre se crea con la intención de hacerle daño a alguien. Compartir información acerca de la vida de otra persona casi siempre parece ser negativo. Un rumor injustificado es cosa peligrosa.

Mi esposa guarda un artículo de periódico titulado: "Amigo de Nadie" (autor anónimo). El artículo lee de la siguiente manera:

> Mi nombre es Chisme. No respeto la justicia. Mutilo sin matar. Rompo corazones y arruino vidas. Soy astuto y malicioso y reúno fuerzas a través del tiempo. Mientras más se me comenta, más se me cree. Mis víctimas son indefensas. No pueden protegerse de mí porque no tengo ni nombre ni cara. Es imposible seguirme la pista. Mientras más intentas agarrarme, más escurridizo me pongo. Soy amigo de nadie. Una vez que mancho una reputación, nunca vuelve a ser igual. Tumbo gobiernos y arruino matrimonios. Arruino carreras y causo desvelos, dolores

de corazón e indigestión. Hago que gente inocente llore sobre sus almohadas. Aun mi nombre silba. Se me llama Chisme. Causo titulares y dolores de cabeza.

Es por eso que Santiago nos advierte que la lengua y nuestras palabras pueden causar un fuego que aunque comience pequeño puede crecer rápidamente.

Los incendios hieren a la gente

Todos vimos los noticieros del 11 de septiembre y observamos cómo las gigantescas llamas salían de las Torres Gemelas. Mucha gente se lanzó de los edificios en llamas, cayendo a una muerte segura. Fue una situación horrible.

Nuestros cuerpos por naturaleza tratan de evitar el calor intenso. Es por ello que esas personas prefirieron tirarse de un edificio de cien pisos y morir instantáneamente antes que quedarse y esperar que las llamas los consumieran. No queremos estar cerca de algo que esté muy caliente; ¡el fuego nos hiere!

Otro vocablo que viene a mi mente cuando pensamos en palabras dolorosas es *difamación,* que es definida por el diccionario como "palabras falsas o distorsionadas que difaman o dañan la reputación de alguien".[43] Si estamos difamando a alguien, desde un principio nuestra intención es hacer daño. Queremos causar dolor y arruinar la reputación de esa persona. Todos estamos familiarizados con las campañas políticas que difaman a los oponentes, tratando de cuestionar la integridad de ellos.

La Biblia usa diferentes términos para *difamación,* como: *palabras malignas, contienda y destrucción.* Uno de los Diez Mandamientos es: "No levantarás falso testimonio contra tu prójimo" (Éxodo 20:16).

Hace unos años, pasé un tiempo en Portland, Oregón, con un amigo con quien había compartido en la Asociación Evangelística Luis Palau. Cuando nos juntamos para almorzar, le pregunté a Gil cómo estaba su iglesia. Él había comenzado esa congregación unos siete años antes en el este de Portland, y había crecido rápidamente a más de trescientas personas. Me impresioné al oír su respuesta: "Tuvimos que enterrarla".

Me explicó que algunas personas habían venido de otra iglesia y parecía que estaban llevando veneno. Estas nuevas personas se habían involucrado en varios ministerios y su negatividad hizo que los viejos miembros se comenzaran a ir de la iglesia rápidamente. La asistencia comenzó a bajar hasta que quedaban menos de cien personas. De manera que Gil celebró un último servicio y cerró la iglesia. Entonces me contó que el chisme y la difamación habían llegado a tal punto que la gente se espantó y que no valía la pena seguir allí. El fuego que se había propagado en su congregación hirió a mucha gente y terminó finalmente matando a la iglesia.

El fuego deja su marca

Es probable que haya visto edificios recientemente quemados o bosques achicharrados. Puede oler la destrucción.

Estuve en Connecticut para una actividad; nuestro presidente había sufrido un incendio en su casa, comenzó en la chimenea. Así que me pidió que si podía ir y orar con su familia por la casa. Dos semanas después del incendio, entré en su casa. Todavía el humo inundaba todo, las paredes, la alfombra, la pintura, los muebles. No sé si ellos podían regresar a vivir a esa casa. El fuego deja una marca permanente y un olor duradero.

A menudo los pastores entran a ciertas iglesias nuevas y huelen el persistente olor a humo de los incendios pasados. No toma mucho tiempo para que se den cuenta de que algo no está bien. Una familia no le habla a otra. Si esta persona está involucrada, la otra no se involucra. Cuando se menciona un nombre, la gente hace muecas o voltea los ojos. Puede que haya comenzado diez o veinte años atrás, pero el nuevo pastor todavía puede percibir los persistentes efectos de ese fuego. Puede ver las consecuencias permanentes del chisme y la difamación.

Santiago le está diciendo a esta iglesia relativamente nueva: "La boca, la lengua, las palabras, son como un fuego. Comienza pequeño, pero crece rápido, quema gente y deja su marca. Tenemos que pararlo".

El asesino invisible

En una vieja película llamada *El Mecánico,* los actores Charles Bronson y Jan-Michael Vincent juegan el papel de unos asesinos a sueldo. Ninguno confía en el otro porque ambos conocen el arte de asesinar y las diferentes formas de matar del uno y del otro.

Al final de la película, celebran porque han podido terminar el trabajo para el que fueron contratados y reciben su dinero. Tienen una botella de vino y Bronson toma un poco. Inmediatamente, se da cuenta que algo no está bien. Al comenzar a marearse, tropieza y se cae del mueble, Vincent le dice la clase de veneno que le puso en el vaso ya que Bronson no lo podía ver ni oler. Bronson muere y Vincent emocionado agarra el dinero y sale corriendo hacia el carro. Al montarse, mira una nota colgando del espejo que dice: "Si estás leyendo esta nota, quiere decir que estoy muerto. Y tú también".¡Boom! La película termina. Ninguno de los dos confiaba en el otro por una muy buena razón.

El veneno era invisible, pero hizo un daño increíble. En su segunda analogía, Santiago compara a la lengua con el veneno (es decir, agua salada, ver versículo 11). Casi nunca sabemos dónde comienzan los rumores, pero sabemos que producen bastante daño. El veneno también puede ser lento para actuar. Se puede meter en nuestro sistema y corroernos lentamente. Puede que hayamos sufrido tal clase de maltrato verbal o falta de afecto que lentamente hayan envenenado nuestras vidas. Por otro lado, todos hemos conocido gente que nos han animado en alguna oportunidad. Una palabra de afirmación o de afecto puede ser tan poderosa como una de chisme o de difamación.

Santiago nos recuerda que la misma lengua que usamos para adorar a Dios es la que usamos para maldecir a los hombres. ¡Esto no debe ser así! Un manantial de sal no debería producir agua fresca, como tampoco un árbol debería producir fruto de un género diferente. En vez de usar nuestras lenguas para bien, muy a menudo comenzamos fuegos y vomitamos veneno por todas partes. ¡Esa no es la manera en que debería ser! Deberíamos estar levantando gente y animándoles. Deberíamos usar nuestras lenguas de la manera como Dios lo propuso.

No animamos tan menudo como pudiéramos. Necesitamos estar tan llenos del Espíritu de Dios que se nos haga natural afirmar a la gente, agradecerles y animarles. Tenemos el poder de desanimar y destruir, así como el de animar y edificar.

Los palos y las piedras no me rompieron mis huesos cuando niño, pero las palabras ciertamente me hirieron.

Recordemos, lo que sale de nuestras bocas es lo que está en nuestros corazones. Guardemos nuestros corazones y pidámosle a Dios que los llene de su amor y misericordia para que podamos tratar a la gente de la manera en que debe ser tratada: como hijos de Él.

La sabiduría de este mundo
evalúa las cosas basado
en los valores de este mundo
y esta sociedad, no basado
en lo que dice la Biblia.

Capítulo 18

LOS PELIGROS DE LA SABIDURÍA MUNDANA

¿Quién es sabio y entendido entre vosotros? Muestre por la buena conducta sus obras en sabia mansedumbre. Pero si tenéis celos amargos y contención en vuestro corazón, no os jactéis, ni mintáis contra la verdad; porque esta sabiduría no es la que desciende de lo alto, sino terrenal, animal, diabólica. Porque donde hay celos y contención, allí hay perturbación y toda obra perversa.

SANTIAGO 3:13-16

Dos tejanos presumen mutuamente acerca del tamaño de sus ranchos. Uno le pregunta al otro:

—¿Cuál es el nombre de tu rancho?

—Bien—el otro ranchero respira profundamente—. El nombre de mi rancho es Rocking R, Flying W, Circle C, Bar U, Staple 4, Rolling M, Rainbow's End, ABC, Silver Spur".

—¡Caramba!—dice el otro—. ¿Y cuánto ganado tienes?

—No mucho. La mayoría no sobrevive al proceso de la marca.

Este hombre era lo suficientemente inteligente para tener un gran rancho, pero no era muy sabio para mantenerlo. Estaba matando su ganado tratando de ponerles la marca en sus lomos.

En este pasaje, Santiago deja a un lado la manera en que nos comunicamos mutuamente y comienza a hablar acerca de cómo convivimos los unos con los otros. También se refiere a la sabiduría que manifestamos. Hay dos clases de sabiduría en estos versículos; en este capítulo, hablaremos de la sabiduría mundana.

El origen de la sabiduría mundana

La sabiduría es el arte de poner en práctica el conocimiento. Significa tomar el conocimiento, las cosas que sabemos, y aplicarlas a nuestras vidas para mejorarlas, para traerlas más en línea con lo que el Señor quiere que seamos y cómo quiere que actuemos.

La Iglesia primitiva tenía algunos problemas. Santiago sabía que no estaban actuando de la manera que Jesús les enseñó. Señaló a la sabiduría mundana como la raíz de los problemas. En el versículo 14 él les dice: "Pero si tenéis celos amargos y contención en vuestro corazón, no os jactéis, ni mintáis contra la verdad". La sabiduría mundana comienza y termina con los seres humanos. Es algo que se origina en nosotros. No busca a Dios por su sabiduría, ni por sus pensamientos, ni por su dirección. La sabiduría mundana es aquella que viene al adquirir el conocimiento de este mundo.

Heráclito, el filosofo griego, afirmó: "El conocimiento abundante no enseña al hombre a ser sabio".[44] Mucha gente se cree muy inteligente y quizá cumplan con el estándar de sabiduría del mundo. En nuestra sociedad, tendemos a adorar el conocimiento. Aun en nuestras conversaciones, no escuchamos lo que otros están diciendo. Siempre estamos esperando el momento en el cual podamos interponer nucstras opiniones, para que puedan ver lo inteligente y lo bien informado que somos.

Mucha gente que se cree inteligente se ha decepcionado. Thomas Watson, el presidente de IBM en 1943, dijo: "Creo que hay un mercado mundial para quizá cinco computadoras".[45] Hoy hay gente que tiene cinco computadoras en una casa. En 1977, Ken Olson, el fundador y presidente de la Corporación de Equipos Digitales, declaró: "No hay ninguna razón por la cual alguna persona querría tener una computadora en su casa".[46]

Estos hombres se creían bastante inteligentes, y lo eran, pero también estaban bien equivocados.

Lo interesante acerca de la sabiduría mundana, y de aquellos que creen tenerla, es el hecho de que, para muchos de ellos, sus vidas son un desastre. Me parece que ellos tienen conocimiento, y se pueden parar en un podio y dar información, pero no pueden tomar esa información y ponerla en práctica en sus vidas diarias con gente verdadera, relaciones verdaderas y problemas verdaderos.

Esto también ocurre en el mundo cristiano. Tuve dos profesores en la universidad que eran muy inteligentes, pero tenían orgullo y arrogancia. Podían hablar por horas sin fin, y contarles a otros todo lo que hubieran querido saber de la Biblia. Tenían todo tipo de conocimiento bíblico y recibían reconocimiento, pero no sabían cómo aplicarlo a sus vidas. Ambos terminaron cometiendo adulterio y sus ministerios fueron destruidos.

Benjamín Franklin escribió: "Aquel que se enamora de sí mismo no tendrá rivales".[47] Esto es cierto. Mucha de la sabiduría mundana proviene del amor propio.

Cómo opera la sabiduría mundana

En el versículo 16 Santiago dice: "Porque donde hay celos y contención, allí hay perturbación y toda obra perversa". La sabiduría mundana opera en un lugar de envidia y celos. Es un celo egoísta. La sabiduría mundana viene del puro egoísmo. Se preocupa sólo con conseguir y avanzar en la vida. La sabiduría mundana evalúa las cosas en base a los valores de este mundo y esta sociedad, no en base a la Biblia.

De manera que si estamos motivados por la sabiduría humana, ¿qué es lo que envidiamos? Por un lado, las posiciones de otras personas. Me fascinan las palabras de Bette Midler, la actriz y cantante: "La peor parte del éxito es tratar de conseguir a alguien que esté alegre por ti".[48] Esto es tan cierto. Les decimos a otros: "Me alegro por ti. Pienso que es magnífico lo que has logrado", pero en nuestros corazones, envidiamos la posición de esa persona.

José y sus hermanos son un gran ejemplo bíblico. Envidiaban la posición favorita que José tenía ante su padre. La sabiduría mundana les decía: "¿Por qué ha de estar él por encima de nosotros? Él es el hermano menor. Deshagámonos de él" (ver Génesis 37:1-19).

También sentimos envidia de las posesiones de otras personas. Alguien siempre tiene lo más nuevo, más grande, más actualizado de aquello que deseamos. En eso se basa la publicidad: en los celos y en la envidia. Los fabricantes nos dicen: "Necesitas tener este producto porque todos los demás lo tienen". Adoptamos esa sabiduría mundana, la cual está basada en esas mismas características humanas.

Algunas veces también tenemos celos y envidia de las personalidades de otra gente. No importa cuán populares y respetados seamos, siempre hay esa persona que entra a la sala y lo ilumina todo, atrayendo la atención de todos los presentes. Desearíamos que no estuviesen allí, robándonos el centro de atención. Esto es celos de la sabiduría mundana. También envidiamos el poder, las habilidades y la influencia de otra gente.

Jesús nos enseñó exactamente lo contrario. En Lucas 9:23, nos dice: "Si alguno quiere venir en pos de mí, niéguese a sí mismo, tome su cruz cada día, y sígame". Él no quiere que aceptemos la sabiduría mundana celosa, envidiosa, codiciosa y egoísta que sale de nuestros televisores, radios, prensas y centros comerciales. Nada en nuestras sociedades nos dice que nos neguemos a nosotros mismos tal como Jesús nos enseñó.

La sabiduría de nuestra sociedad pregona: "Más es mejor". El plan de nuestra sociedad materialista es: "Trabaja duro, acumula, jubílate a los cincuenta y cinco años, y después disfruta". Como estadounidenses, tenemos más cosas en nuestros garajes que lo que mucha gente tendrá en todas sus vidas. Nuestros procesadores de basura tal vez coman mejor que un tercio de la gente del mundo.

Recientemente, recibí un cheque de regalías en el correo por las ventas de un libro. Lo primero que se me vino a la mente fue: ¿Qué clase de moto Harley me podría comprar?". Ya había escogido las partes, y en mi cabeza, ya había gastado el dinero.

Entonces el Espíritu Santo me trajo a la mente una carta que recibí al principio de esa semana. La carta era de parte de un hombre en el sur de California que escribía acerca de la conferencia de pastores que yo me estaba preparando para dar en Nairobi, Kenia. La carta decía: "El Señor puso en mi corazón dar doscientos dólares para ayudar a los pastores de su conferencia. Mi esposa y yo hemos estado orando al respecto, y acabo de recibir mi pago salarial el cual, debido a trabajo extra, es exactamente doscientos dólares más de lo que esperaba. Usted encontrará el dinero adjunto a esta carta".

Le mostré la carta a mi esposa y ambos nos pusimos muy contentos. ¿Cómo podía yo ahora estar pensando en gastarme todo ese dinero extra en cosas para mí mismo? A veces me enojo conmigo mismo porque pienso que me gustan las cosas del mundo. Consigo un poco de dinero extra y pienso: "Aja, ¿Qué puedo hacer con esta ganancia inesperada? ¿Qué puedo comprar? En vez de eso, debería pensar: "Señor, ¿Qué quieres que haga con este dinero extra? ¿Cómo quieres que me niegue a mí mismo? ¿Cómo quieres que gaste este dinero para que avance tu Reino y traiga alegría a alguien más?".

Seguir a Jesús tiene un costo. Él no nos enseñó simplemente para que tuviéramos una idea teórica y abstracta a la cual seguir. El cristianismo es una realidad, un estilo de vida. A menudo, pienso: "¿Cómo será el momento en el que me pare ante Dios en el cielo, y mire mi vida, lo que yo hice y cómo utilicé mis recursos?".

En el ministerio cristiano, nos gusta mucho ver gente que tienen entusiasmo por el Señor, gente que verdaderamente le sirven con alegría y de todo corazón. Lamentablemente, el problema con ese entusiasmo es que a veces se esconde detrás de frases como: "Dios me dijo" o "Dios me dirigió a eso".

Cuando me convertí al Señor, comencé a leer biografías de grandes líderes y misioneros cristianos, y me abrumaba conocer de sus vidas y sus ministerios. Yo pensaba: "Señor, esta gente te amó más de lo que yo jamás te podré amar". Sin embargo, mientras más maduraba, más me daba cuenta de que todos enfrentamos el demonio del yo. Me comencé a dar cuenta de que un pequeño monstruo de envidia verde me hacía querer decir: "Dios me lo puso en la mente", cuando en realidad lo que pasaba era que estaba siendo totalmente egoísta.

¿Cómo podemos diferenciar entre el entusiasmo y la ambición egoísta? Hay una línea muy fina entre "Estoy haciendo esto para el Señor" y "Estoy haciendo esto para mí mismo". Esa línea es tan fina que a veces no nos damos cuenta cuando la cruzamos. Es por eso que pienso que seremos sorprendidos por las recompensas que recibiremos en el cielo. Alguien podría decir: "Señor, todo lo que hice fue darle agua a alguien", pero el Señor le recompensará porque sus motivos fueron limpios. Otro podrá decir: "Señor, yo di miles de dólares", pero no será recompensado porque dio egoístamente; sólo pensaba en sí mismo.

Me he percatado de que cuando hacemos algo por ambición egoísta, envidia o celo, Dios interviene en contra de nosotros. Debemos tener cuidado con la sabiduría mundana, que pregona: "Se trata de mí solamente". A cada uno de nosotros Jesús nos dice: "Niégate a ti mismo, toma tu cruz y sígueme".

El resultado de la sabiduría mundana

Leí un artículo noticioso acerca de una mujer que vivía en el vecindario de una gran ciudad que iba camino a la ruina. La ciudad estaba superpoblada y sucia, y había gente que no estaba en nada bueno. Ella quería hacer algo para ayudar a arreglar la situación, pero sabía que necesitaría dinero y recursos.

La mujer comenzó a recuadar fondos solicitando el dinero necesario para mejorar la situación. Llamó gente y envió cartas a varias fundaciones que le ayudaran en esa causa. Recogió ochenta y cinco mil dólares para su proyecto. Entonces tomó el dinero y lo utilizó para mudarse del vecindario y comprarse una casa mejor.

¿Qué pasa cuando estamos llenos de sabiduría mundana? Santiago dice: "Porque donde hay celos y contención, allí hay perturbación y toda obra perversa" (3:16). Esta mujer tenía bastante sabiduría mundana.

La palabra *perturbación* o desorden en este versículo literalmente significa "inquietud", ¡definitivamente que tenemos perturbación en nuestra sociedad! De este desorden salen las obras perversas, o actividades y hechos despreciables que no sirven para nada. No tienen beneficio alguno. Puede que esté en una situación de su vida en la que la sabiduría mundana le haya llevado a participar en una mentira, y ahora necesite la sabiduría de Dios. Si es así, vaya a Él y dígale: "Señor, lléname con la sabiduría que necesito para hacer que mi vida tenga significado, para hacer que sea valiosa en tu reino, que sea lo que tú quieres que sea".

La Biblia dice que Dios nos creó a cada uno de nosotros con un propósito específico. Él le dio a cado uno de nosotros dones para que los utilicemos al servicio suyol (Efesios 2:10; 1 Corintios 12:7). ¿Estamos utilizando esos dones? Dios no nos salvó y redimió para que viviéramos con el propósito de acumular cosas y decir: "¡La vida es grandiosa!" Él no nos salvó para eso.

Puede que seamos inteligentes, puede que tengamos mucho conocimiento, pero no nos servirá de nada si no sabemos cómo aplicarlo a nuestras vidas. Oro porque Dios nos dé sabiduría celestial para que sepamos cómo utilizar el conocimiento que nos ha dado a fin de que avancemos con su obra y vivamos de la manera que Él quiere que vivamos.

Capítulo 19

LA SABIDURÍA DE DIOS EN ACCIÓN

Pero la sabiduría que es de lo alto es primeramente pura, después pacífica, amable, benigna, llena de misericordia y de buenos frutos, sin incertidumbre ni hipocresía. Y el fruto de justicia se siembra en paz para aquellos que hacen la paz.

SANTIAGO 3:17-18

Usualmente, cuando los padres tienen su primer bebé, lo cuidan y protegen extremadamente. Si se les cae el chupete en el suelo, de inmediato lo recogen y lo esterilizan. Sin embargo, si lo mismo ocurre con el segundo bebé, simplemente recogen el chupete, lo limpian rápidamente, y lo vuelven a poner en la boca del niño. Si el tercer bebé deja caer el chupete, simplemente mandan al perro a recogerlo.

Cuando el niño de unos padres primerizos se traga una moneda, ellos corren a urgencias y piden que se le hagan rayos X. Una vez que tienen su segundo bebé, esperan pacientemente que la moneda pase. Con el tercer niño, sólo deducen la moneda del dinero que le dan al niño para comprar dulces. La mayoría de los padres se relajan con el tiempo, a medida que ganan más sabiduría como tales.

En estos versículos, Santiago deja la sabiduría mundana a un lado y comienza a hablarnos de la sabiduría divina. En la Biblia, esta sabiduría se describe como preciosa, y se nos instruye a buscarla (ver Proverbios 4:7; 8:11).

Por qué necesitamos sabiduría

Recuerdo la primera vez que me uní a la organización paraeclesiástica (un ministerio que se une a la iglesia para ayudarla). La primera semana trabajando para la organización, me metí en problemas. Estaba en el pasillo conversando cuando el director me pidió que entrara a su oficina. Me dijo tajantemente: "Esto no es una iglesia, tú no eres un pastor de jóvenes, así que deja de actuar como tal". En otras palabras, me dijo que esto era una corporación, un negocio y, aunque cumplíamos con un ministerio, era muy distinto al de la iglesia local. Nosotros no tomábamos tiempo de la compañía para ayudar a gente con problemas. Teníamos que ser exactos con nuestro tiempo de almuerzo, y teníamos que llenar una cantidad de formularios requeridos por la oficina de negocios.

Aprendí a ajustarme a la manera en que operaba la organización paraeclesial. Cuando comencé mi propio ministerio de Eternity Minded, tenía una buena idea de cómo se manejan este tipo de organizaciones.

Entonces Dios me llamó a pastorear una iglesia cerca de San Francisco, California. Una de mis más grandes luchas es dirigir y administrar una iglesia, que es tan distinta a la estructura paraeclesial a la cual me acostumbré. De muchos modos, es mucho más difícil ver la cadena de mando porque todo el mundo está involucrado: los empleados, los ancianos y el pueblo. Todos tienen sus propias preferencias, opiniones y molestias.

Este pasaje de Santiago tiene un significado particular para mí porque me doy cuenta de que tengo gran necesidad de la sabiduría divina. Tengo una gran carga porque quiero ser un buen líder para mi congregación, pero trato de mantener un delicado equilibrio entre llevar el ministerio y mantener mis amistades intactas. Las decisiones que hago afectan a todos, y las decisiones de todos me afectan a mí.

Mientras estudiaba estos versículos, sentí una carga increíble, y solo dije: "Dios, verdaderamente necesito tu sabiduría". A veces decimos esto con poca sinceridad, a menudo se vuelve en una frase enlatada. Pero hay veces en las que sinceramente clamamos al Señor: "Dios, sin tu sabiduría, no sé qué hacer. No sé a dónde ir". Todos necesitamos sabiduría, y puedo dar testimonio de ello en mi vida. Afortunadamente, Dios escucha nuestro clamor.

Cómo es la sabiduría de Dios

"Pero la sabiduría que es de lo alto es primeramente pura, después pacífica, amable, benigna, llana de misericordia y de buenos frutos, sin incertidumbre ni hipocresía" (3:17).

Santiago describe claramente las características de la sabiduría de Dios. La iglesia primitiva en estos tiempos tenía un espíritu de contención, amargura, pleito y sabiduría mundana. Santiago quería demostrarles a sus lectores que había algo mejor.

La primera característica básica de la sabiduría celestial es la pureza. La sabiduría que viene de Dios tiene motivos puros. Es todo lo contrario a la ambición egoísta. En Colosenses 3:23-24, el apóstol Pablo escribió: "Y todo lo que hagáis, hacedlo de corazón, como para el Señor y no para los hombres; sabiendo que del Señor recibiréis la recompensa de herencia, porque a Cristo el Señor servís". Bien sea que enseñemos una clase, laboremos en una junta directiva, cantemos en un grupo de alabanza, trabajemos con niños o vayamos a un viaje misionero al África, deberíamos hacerlo porque queremos servir al Señor. Nuestras motivaciones y nuestras decisiones deben ser puras.

Segundo, la sabiduría celestial ama la paz. Cierta iglesia tenía una señal en su puerta que decía: "La reunión de paz planeada para hoy ha sido cancelada debido a un conflicto". Todos tenemos conflictos. Los tenemos en nuestras familias, con nuestras amistades, dentro de la iglesia y en el trabajo. Sin embargo, la sabiduría produce paz. En este pasaje, Santiago nos dice: "¿Saben cómo van a saber si tienen la sabiduría de Dios en su iglesia? Habrá un espíritu de paz, no de contienda y riña".

La palabra que Santiago utiliza para *pacífica* aquí significa: "unir o entretejer". No quiere decir "paz a cualquier costo"; a veces la confrontación es necesaria. Otras veces necesitaremos ir a un hermano o hermana y decirle amorosamente: "Veo algo en tu vida que no está bien". Pero esta es la clase de paz que no nos lleva a reclamar nuestros derechos ni nos deja ser excesivamente críticos con otros. La sabiduría divina ama la paz y no busca lo suyo.

La tercera característica de la sabiduría de Dios es que es considerada. Algunas traducciones dicen *tierna*. Esta palabra es difícil de traducir, tanto que los eruditos han luchado con ella. Tiene la connotación de no tratar a la gente con aspereza. Una persona considerada no es maliciosa ni despegada. Es una persona que quiere tiernamente acercarse a aquellos que no conocen a Jesús.

He escuchado a cristianos decir cosas como: "De veras que puse a esa persona en su lugar", al referirse a un encuentro con alguien en la tienda o en la estación de gasolina. Tristemente, nuestras interacciones con el mundo no siempre se llevan a cabo en un espíritu de gentileza. Santiago dice que la sabiduría divina es pura, pacifica y amable (o gentil) en la manera como tratamos a la gente fuera de la iglesia así como también dentro del cuerpo de creyentes.

Seguidamente, al describir la sabiduría divina, Santiago usa una palabra que no oímos a menudo: *sometimiento.* Ella significa que debemos ser accesibles los unos con los otros. No deberíamos andar por la vida listos para comenzar una pelea. Someterse quiere decir ser obediente y estar dispuesto a cambiar, estar dispuesto a decir: "Cometí un error en esa situación; lo siento". La persona que se somete no dice: "Quiero lo que quiero y lo voy a conseguir, sin importar lo que los demás piensen".

Un hombre le comentaba a su amigo acerca de un nuevo aparato para sordos. "Es magnífico", dijo. "Me costó cuatro mil dólares y es último modelo".

Su amigo le pregunto: "¿Qué cosa es?".

El hombre miro su reloj y respondió: "Doce y treinta".

A veces, lo que pensamos que es grandioso, en realidad, no es tan bueno. El espíritu de una persona sometida dice: "Seamos razonables. Seamos receptivos. Si no resulta, tratemos algo diferente".

Seguidamente, Santiago afirma que la sabiduría divina está llena de misericordia y buen fruto (ver Gálatas 6:22-23). La misericordia de la cual Santiago habla aquí se refiere a sentimientos de compasión, piedad y amabilidad hacia los santos y los pecadores por igual. Mostrar misericordia en una manera útil y práctica debería ser nuestra reacción natural a la misericordia que Dios nos ha demostrado (ver Lucas 6:36).

La sexta característica de la misericordia de Dios es más difícil de lo que parece. Ser imparcial al tratar o otros no es natural. Santiago ya nos ha hablado acerca de cómo la iglesia primitiva mostraba favoritismo con los ricos. Tendemos a ser extraamables con aquellos que tienen algo que a nosotros nos gustaría tener. Cuando se trata de hacer decisiones, podemos ser tentados a favorecer a aquellos cuyo dinero y buena voluntad deseamos. Pero esa no es la manera en que una persona llena de la sabiduría de Dios debe operar.

Finalmente, la sabiduría divina es sincera. No tiene hipocresía; no pretende ser algo que no es. Como cristianos, deberíamos ser gente caracterizada por la honestidad y la veracidad. Dios no quiere falsa alabanza de nosotros. Algunos creyentes tienen apariencia de bondad en sus acciones y en la manera que tratan a otros, pero les falta la sinceridad y la autenticidad que debe distinguir a los verdaderos seguidores de Cristo.

Santiago expresa que mientras trabajamos, ministramos y alabamos juntos, estas características deben ser la marca de una iglesia que usa y ejercita la sabiduría celestial.

Ahora ¡vivámosla!

Oímos muchas cosas acerca del cambio. Algunas personas lo quieren; otras lo desprecian. El cambio puede ser algo difícil. Hacemos cambios buenos y cambios malos, y a menudo tenemos que regresar y evaluar si hemos tomado las decisiones correctas en esos cambios.

Sin embargo, el cambio que le interesa a Dios es aquel que afecta nuestros corazones. El está interesado en el tipo de cambio que nos motive a ir a Él, quebrantarnos de rodillas y alzar nuestras manos en alabanza y adoración a Él. Él busca el cambio que nos lleve a preguntarnos: "¿Son mi vida y mi fe verdaderas?".

Hace poco, recibí una carta muy animadora de un hombre llamado Gary. Es tan relevante al tema que me gustaría compartirla con ustedes:

> Querido Dan, acabo de regresar de un viaje de tres semanas a Kursk, Rusia, una ciudad de aproximadamente 500,000 personas. Al partir, luchaba con la idea de si debía o no llevarme tus libros conmigo. Más tarde, entendí que esa lucha era espiritual, ya que Dios quería hablarme a través de ellos, y Satanás no quería que yo escuchara el mensaje. He sido cristiano por dieciocho años, pero había un área en mi vida la cual no me atrevía a entregarle a Dios.
>
> Bien, mi amigo, Dios me trajo convicción—allí mismo en Rusia, a 10,000 kilómetros de casa—de que Él quería todo mi corazón, no sólo una parte. Comencé a llorar, a confesar mi pecado, mi orgullo y mi falta de fe en el Señor. Así como Pedro le había fallado al Señor y había negado a Jesús, así también yo le estaba negando una parte de mi vida a Dios. Pero Jesús me respondió tal como lo hizo con

Pedro. No me apartó ni me regañó. Simplemente me amó. Qué delicia es caminar en obediencia al Señor.

Dan, aparte de mi salvación hace dieciocho años, este ha sido el tiempo más emocionante y espiritualmente productivo de mi vida. ¿Fueron tus libros la causa? No. La causa fue que escuché al Espíritu Santo y le pedí al Señor con toda sinceridad que hiciera su voluntad conmigo, que me quebrantara y me moldeara. Qué liberación y qué Salvador.

Dan, gracias por escuchar a tu corazón cuando te incita a escribir estos libros.

En su poderoso amor, tu hermano en Cristo, Gary.

Este tipo de cosas sólo suceden cuando oramos, ayunamos y cuando somos honestos delante de Dios. Mi oración es que Dios nos dé su sabiduría y nos permita ser gente que escuche su voz. Sólo Él nos puede ayudar a rendir esas áreas de nuestras vidas en las que hemos estado usando la sabiduría del mundo y no la de Dios.

Anteriormente, en el capítulo 1, Santiago nos dijo: "Y si alguno de vosotros tiene falta de sabiduría, pídala a Dios, el cual da a todos abundantemente y sin reproche, y le será dada" (1:5). Que Dios nos dé su sabiduría, y nos enseñe humildad, honestidad y transparencia para que seamos verdaderos, no sólo con Él sino también los unos con los otros.

Capítulo 20

UN LLAMADO A APAGAR EL FUEGO

¿De dónde vienen las guerras y los pleitos entre vosotros? ¿No es de vuestras pasiones, las cuales combaten en vuestros miembros? Codiciáis, y no tenéis; matáis y ardéis de envidia, y no podéis alcanzar; combatís y lucháis, pero no tenéis lo que deseáis, porque no pedís. Pedís, y no recibís, porque pedís mal, para gastar en vuestros deleites. ¡Oh almas adúlteras! ¿No sabéis que la amistad del mundo es enemistad contra Dios? Cualquiera, pues, que quiera ser amigo del mundo, se constituye enemigo de Dios. ¿O pensáis que la Escritura dice en vano: El Espíritu que él ha hecho morar en nosotros nos anhela celosamente? Pero él da mayor gracia. Por esto dice: Dios resiste a los soberbios, y da gracia a los humildes. Someteos, pues, a Dios; resistid al diablo, y huirá de vosotros. Acercaos a Dios, y él se acercará a vosotros. Pecadores, limpiad las manos; y vosotros los de doble ánimo, purificad vuestros corazones. Afligíos, y lamentad, y llorad. Vuestra risa se convierta en lloro, y vuestro gozo en tristeza. Humillaos delante del Señor, y él os exaltará. Hermanos, no murmuréis los unos de los otros. El que murmura del hermano y juzga a su hermano, murmura de la ley y juzga a la ley; pero si tú juzgas a la ley, no eres hacedor de la ley, sino juez. Uno solo es el dador de la ley, que puede salvar y perder; pero tú, ¿quién eres para que juzgues a otro?

SANTIAGO 4:1-12

Alguien dijo: "La paz es ese breve y glorioso momento en la historia en el cual todo el mundo se para a recargar sus arma".

A veces la paz es difícil de lograr. Después de la Segunda Guerra Mundial, se formaron las Naciones Unidas con el propósito de lograr la paz. La meta era asegurarse de que las próximas generaciones no fueran azotadas por guerras. Desde ese entonces, no ha pasado un momento en el que no esté sucediendo un conflicto armado en alguna parte del mundo.

De acuerdo al *Personnel Journal,* desde los comienzos de la historia registrada hace 3,530 años, el mundo entero ha estado en paz sólo por 286 años, apenas el ocho por ciento del tiempo. También se estima que durante ese periodo, más de ocho mil tratados se han firmado, y se han roto.[49]

Verdaderamente, somos gente de guerra. Cuando viajamos a otros países, especialmente del tercer mundo, nos damos cuenta de que esta declaración es cierta. Todas las mañanas podemos leer en el periódico que se está sucediendo alguna guerra en algún lado del mundo. Vivimos en un mundo en guerra.

No creo que las cosas mejoren hasta que Jesús vuelva. En Isaías 9:6, a Jesús se le llama Príncipe de paz pero, hasta que regrese, la Biblia claramente enseña que las cosas irán de mal en peor, no importa cuántos tratados se firmen, ni cuántos ceses al fuego se declaren (Mateo 24:6; 2 Timoteo 3:1-5). La paz es difícil de lograr.

También estamos en guerra a nivel personal. Estos versículos en Santiago no son pasajes alentadores. En ellos, el apóstol trata temas fuertes: guerras y pleitos.

Estamos en una guerra continua

En el versículo 1, Santiago pregunta: "¿De dónde vienen las guerras y los pleitos entre vosotros?". En este versículo, él utiliza estas dos palabras, una significa peleas espontáneas y la otra un estado de guerra crónico: riñas. Él ama a esta gente, y se interesa genuinamente por ellos. Por lo tanto, quiere saber qué es lo que causa tanto conflicto.

Una revista llamada *The Door* (La Puerta) (anteriormente se llamaba *The Wittenberg Door* [La Puerta de Wittenberg]) ofrece una sátira brutal y a menudo sincera de la iglesia. En la portada del primer ejemplar que obtuve, había una foto de un pastor con unos ancianos y diáconos parados en los escalones de una iglesia sonriendo. Pensé: "¿Qué puede haber de malo en esto?"

Al hojear la revista, mirando algunos artículos, la volteé para ver la parte de atrás. Allí encontré una foto bastante distinta. Mientras que la portada mostraba el frente de estos hombres, la parte de atrás mostraba sus espaldas. Uno le estaba clavando un cuchillo a otro en la espalda. Otro le metía la mano en el bolsillo a su vecino para robarle la billetera. Uno de los hombres tenía una revista *Playboy* saliéndose de su bolsillo trasero. La foto parecía buena de frente pero por detrás se encontraba una historia muy distinta.

Así que, ¿por qué peleaban los primeros cristianos? Primero, había conflictos de clases sociales. Anteriormente leímos acerca de las distinciones entre ricos y pobres. Había aquellos con dinero y aquellos sin dinero, y esa disparidad creó muchas divisiones. Santiago sabía que peleaban a raíz de sus diferencias sociales.

Entonces hubo guerra dentro de la iglesia. Peleaban por posiciones. En el capítulo 3 vimos que todos querían tener la honrosa posición de maestro o líder. En vez de estudiar la Palabra de Dios y ser edificados, trataban de imponerse, peleando por las posiciones. La iglesia estaba siendo arruinada por la ambición egoísta. Cada uno pensaba que su idea era la mejor, y nadie quería someterse a la autoridad.

Primero, los discípulos de Jesús pelearon para ver quién sería el mayor en el reino (Marcos 9:33-34). Después, los primeros cristianos pelearon por posiciones en la iglesia (ver Marcos 10:35-45). Al mirar la historia de la iglesia, nos damos cuenta de que esta situación no era poco común. La iglesia en Corinto tenía guerras internas hasta el punto de que los creyentes se estaban demandando los unos a los otros (ver 1 Corintios 3:1-23; 6:1-8). Los creyentes en Gálatas se estaban "mordiendo y devorando los unos a los otros" (ver Gálatas 5:15); a la iglesia en Éfeso se le amonestó a cultivar la unidad (ver Efesios 4:3); y aun la gran iglesia en Filipos tenía un conflicto entre dos mujeres con el cual Pablo tuvo que lidiar (ver Filipenses 4:2-3).

Me imagino que el corazón de Santiago estaba roto a causa de los conflictos que existían entre esos cristianos. Quizá pensó en la oración por la unidad que Jesús hizo en Juan 17:20-23. En vez de darse a conocer por el amor mutuo, como Jesús les había exhortado en Juan 13:34-35, se daban a conocer por sus pleitos, odios y discordias.

También estamos en guerra con nosotros mismos. Los versículos 2 y 3 de Santiago 4 muestran que los motivos equivocados llevan a acciones erradas y a oraciones erróneas. No se nos hace fácil aceptar la idea de negarnos a nosotros mismos. De manera que estamos en una batalla constante con nosotros mismos, tratando de decirle no a las cosas de este mundo.

Estamos en guerra con Dios

Santiago les dice a los creyentes: "¡Oh almas adúlteras! ¿No sabéis que la amistad del mundo es enemistad contra Dios?" (4:4). Aquí utiliza la palabra *mundo* para referirse a la sociedad apartada de Dios. La frase "amistad del mundo" significa ser aprobados por el mundo. Santiago le dice a esta gente: "¿No entiendes que todos estos pleitos, estas guerras, sólo indican que ustedes están enamorados de este mundo?" Entonces prosigue a decir que estar enamorado de este mundo es estar en guerra con Dios.

Notemos que Santiago usa la palabra *adúlteras* aquí. Si vamos al Antiguo Testamento, encontramos que Dios, en su trato con Israel, a menudo usaba el pacto matrimonial como una ilustración de su amor por su pueblo. A través de todo el Antiguo Testamento, cuando Israel le daba la espalda a Dios, su fiel Esposo, Dios, salía a buscar a Israel, la esposa infiel.

Santiago, conociendo que sus lectores estaban familiarizados con esta analogía, les dice: "Ustedes son unos adúlteros. El amor que tienen por este mundo les ha hecho cometer adulterio espiritual. Están tan comprometidos con la sociedad que ha volteado sus espaldas a Dios".

En Gálatas 6:7-8 el apóstol Pablo escribió: "No os engañéis; Dios no puede ser burlado: pues todo lo que el hombre sembrare, eso también segará. Porque el que siembra para su carne, de la carne segará corrupción; mas el que siembra para el Espíritu, del Espíritu segará vida eterna". Cuando Pablo habla de sembrar para la carne, se refiere a dejar que la carne nos lleve a donde ella quiera ir. Cuando le decimos a la carne: "Bien, haré lo que quieras", cuando nos dejamos vencer por ese pensamiento o acción, estamos en guerra con Dios, porque estamos dejando que el mundo tome el lugar que le pertenece a Dios en nuestras vidas.

En esta guerra, también estamos sujetos al diablo. Como dijo Charles Baudelaire, un poeta francés del siglo diecinueve, el mayor truco del diablo ha sido convencer al mundo de que no existe.[50] Nuestra sociedad se burla e ignora al diablo junto con sus guerras, tácticas y demonios. Sin embargo, él existe. Es un mentiroso y engañador, y quiere que vivamos en la carne.

Como cristianos, usted y yo somos blanco del enemigo. Este tiene una meta y es separarnos de Dios. Él no nos puede quitar la salvación, pero no quiere que tengamos una vida de oración, de intimidad y cercanía con Dios, quiere que no tengamos poder ni interés en las cosas espirituales. Si nos puede mantener separados de Dios, entonces vamos a quitar la mirada de donde la verdadera guerra se está luchando.

A.W. Tozer escribió: "Lo mundano es aceptado como parte de nuestro estilo de vida. Nuestra disposición religiosa es social más que espiritual. Hemos perdido el arte de la adoración. No estamos produciendo santos. Nuestros modelos son exitosos negociantes, celebrados atletas, y personalidades teatrales. Llevamos a cabo nuestras actividades religiosas siguiendo el método de los publicistas modernos".[51] Tozer escribió estas palabras hace treinta años, y ya ha estado muerto por un buen tiempo. Me pregunto qué pensaría de nosotros ahora.

Mientras leía este pasaje en Santiago, pensé: "Señor, necesitamos un cese al fuego. ¿Cómo podremos parar estas guerras?".

Una nueva actitud

Primero que todo, Santiago nos dice que nos sometamos a Dios y resistamos al diablo. Esa palabra *someter* puede ser usada como un término militar que quiere decir ceder a la autoridad. En otras palabras, Santiago afirma: "Pónganse bajo Dios". Como soldados de la cruz, se nos ordena someternos bajo la autoridad de nuestro Comandante en Jefe. Cuando estamos en sometimiento a Dios, nos rehusamos a darle lugar al diablo (ver Efesios 4:27). Le resistiremos y diremos: "Me someteré a Dios por amor."

Conocer a Dios es muy distinto a amarlo. Podemos tener todo el conocimiento del mundo acerca de Dios y aun así no querer someternos a Él; pero cuando llegamos a entender su amor por nosotros, queremos cederle nuestras voluntades. Podemos vivir para el mundo, nuestra carne, y el diablo, y ser destruidos, o podemos someternos a Dios, que nos ama como nadie más, y verdaderamente vivir. ¿Por qué es tan difícil escoger?

No alcanzamos conocimiento leyendo únicamente, sino también observando y experimentando. Podemos leer miles de libros acerca de automóviles, pero hasta que no agarremos un volante, se nos va a ser muy difícil aprender a conducir. Para muchos de nosotros, todo lo que conocemos de Dios es porque lo hemos leído. Hemos leído acerca de su poder, su omnipotencia y de lo que ha hecho en el pasado, pero no le hemos observado ni experimentado personalmente.

En el versículo 8, Santiago también les dice a sus lectores que se acerquen a Dios. No le está hablando a gente que nunca ha experimentado salvación. Les está hablando a aquellos creyentes que se han alejado de Dios. Les dice que laven sus manos y purifiquen sus corazones. Luego en el versículo 9 les dice que paren de reír y que comiencen a lamentarse. Claro que esto no significa que no podamos reírnos y disfrutar la vida. Santiago está hablando es de la risa de un tonto, aquel que vive en pecado y se lo echa en cara a Dios, diciendo: "Pecaré tanto como quiera; Dios me perdonará". Santiago le dice a esa persona: "No seas estúpido. No vivas así. Arrepiéntete, sométete y acércate a Dios, y Él se acercará a ti".

Finalmente, en el versículo 10 Santiago dice que debemos humillarnos delante de Dios. Dios odia la altivez de espíritu. Exaltamos nuestras habilidades, nuestros logros, nuestro estatus, y nuestra persona; Dios odia esa clase de autoenaltecimiento y autoalabanza.

En una entrevista con Lee Strobel, autor del *Argumento de la fe,* Dallas Willard dijo: "Dios ordenó que la gente fuera gobernada por lo que quisieran".[52] Dios nos dará lo que queremos. Si no lo queremos a Él, no tenemos que tenerlo. Si queremos al mundo y todo lo que tiene—pleitos, riñas, lujuria, deseos de la carne—Dios nos dirá: "Es tuyo. Puedes tenerlo". Pero si le decimos: "Dios, te quiero a ti. No sólo quiero conocerte con mi entendimiento, sino que también deseo observarte en mi trabajo, en mi vida y experimentarte en mi alma", entonces se nos revelará.

Dios ha dejado claro que si verdadera y encarecidamente le buscamos, le encontraremos (Hebreos 11:6). No obstante, no podemos simplemente decirle: "Dios, me gustaría verte trabajar en mi vida y me gustaría conocerte algo". Debemos tener pasión por buscarlo para verle hacer maravillas. Así que la pregunta es: ¿En verdad queremos conocer a Dios?

Como pastor, cada semana voy a mi biblioteca a buscar a Dios por mí y por aquellos que ha puesto bajo mi cuidado. A veces cuando lo oigo a través de su Palabra, es un pasaje difícil de obedecer, como el que estamos discutiendo, pero el resultado vale la pena de nuestra obediencia. ¿Quién entre nosotros no quiere un cese al fuego en su alma y estar en paz con el Maestro? Seamos personas que resistimos al diablo, nos sometemos a Dios, nos acercamos a Él y nos humillamos ante su presencia.

Capítulo 21

SE ACABÓ EL TIEMPO

¡Vamos ahora! los que decís: Hoy y mañana iremos a tal ciudad, y estaremos allá un año, y traficaremos, y ganaremos; cuando no sabéis lo que será mañana. Porque ¿qué es vuestra vida? Ciertamente es neblina que se aparece por un poco de tiempo, y luego se desvanece. En lugar de lo cual deberíais decir: Si el Señor quiere, viviremos y haremos esto o aquello. Pero ahora os jactáis en vuestras soberbias. Toda jactancia semejante es mala; y al que sabe hacer lo bueno, y no lo hace, le es pecado.

SANTIAGO 4:13-17

A algunos niños se les preguntó acerca de la muerte. He aquí algunas de sus respuestas:

"Dios no nos dice cuándo vamos a morir porque quiere que sea una gran sorpresa."—Alan, nueve años.

"Tenemos que llegar a viejos antes de morir porque a Dios parece que le gustan más los viejitos."—Maggie, diez años.

"Los doctores nos ayudan para que no nos muramos antes de pagarles sus honorarios."

—Stephanie, nueve años.

"Solo las personas buenas van al cielo; el resto va a donde hay mucho calor como en Florida."

—Judy, ocho años.

Algunas personas se rehúsan a pensar en la muerte. Cuando viajo fuera del país, antes de irme suelo tratar de mostrarle a mi esposa dónde están todos los documentos importantes en caso de que algo me ocurra, pero ella no quiere saber nada al respecto. A menudo, la gente ha experimentado dolor por la muerte de un ser querido, y luego temen por su propia muerte.

Este pasaje en Santiago probablemente ha impactado mi vida más que cualquier otro versículo bíblico. Verdaderamente, me hace detenerme y pensar. Me impulsa hacia adelante, porque me doy cuenta de que mi tiempo de vida se acorta con el paso de cada año.

Lou Erickson afirmó: "La vida es como un taxi. El taxímetro continúa marcando independientemente de que estemos dirigiéndonos a un lugar o de que estemos parados".[53] Esa es la verdad. Todos tenemos un reloj de tiempo, y está marcando.

Aquí Santiago les habla a aquellos que son arrogantes y ricos, aquellos que hacen planes y calculan sus vidas sin tomar en cuenta a Dios. Le dice a esa gente rica: "Ustedes están haciendo todos estos planes, pero se han olvidado de la participación de Dios en sus vidas". El apóstol quiere recordarles algunas cosas que son verdad acerca de la vida.

La vida es complicada

Bien sea que vivamos en una gran ciudad, en un pequeño pueblo o en un área rural, todos estamos en situaciones en las que lidiamos con el tiempo, nuestro propósito en la vida, un lugar para vivir y ciertas recompensas. Santiago habla a las personas que piensan que tienen todas esas cosas planeadas. Estas personas van por la vida sin incluir a Dios en la ecuación. En todos sus planes y decisiones, ignorano el elemento más importante.

En Lucas 12:13-21, Jesús cuenta la historia de un hombre rico que produjo una buena cosecha y pensó: "Tengo tanto grano que necesito graneros más grandes. Derrumbaré los viejos y construiré unos más grandes y mejores, y después podré comer, beber y gozarme por mucho tiempo" (debió ser un estadounidense). Dios le dijo: "Necio, esta noche vienen a pedirte tu alma; y lo que has provisto, ¿de quién será?" (v. 20).

En el versículo 21, Jesús dice que así es el que hace para sí tesoro y no es rico para con Dios.

La vida es más que la abundancia de nuestras posesiones (ver Lucas 12:15). Aun en nuestras complicadas vidas, cuando tenemos que pensar en tantas cosas, somos tontos si olvidamos lo que pasará al final. Si no permitimos que Dios controle nuestras vidas, se desbastarán rápidamente. Al lidiar con nuestras familias, otras cosas y nuestro trabajo, cuántos miramos a la vida y nos hacemos esa pregunta tan importante: "¿Qué va a ocurrir al final de mi vida?".

En una ocasión, cuando daba una charla en el Reino Unido, fui invitado a la casa de un hombre que me había escuchado la noche anterior. Yo sólo tenía treinta años en ese tiempo y él fácilmente unos sesenta. Después que todo el mundo partió y quedamos nosotros dos, me dijo: "Mientras te escuchaba hablar anoche, algo sucedió dentro de mí. Tú ves que tengo esta gran casa. En realidad tengo muchas casas, carros y cosas. Pero falta algo en mi vida". Mientras yo le hablaba de Jesús, él decidió orar y abrir su corazón al Señor. Después dijo: "Esto es lo que he estado buscando toda mi vida".

En la complejidad de su existencia, nunca se había detenido a pensar en Dios. A veces, somos culpables de esa misma falta de atención e interés. Corremos de acá para allá de una actividad a la otra sin parar a pensar: "¿Qué pasa al final de mi vida?". En el versículo 14, Santiago dice que ni siquiera sabemos lo que el día siguiente nos va a traer.

La vida es incierta

Tengo un amigo que trabaja para la Conferencia General Bautista del Sur de California. Nos conocemos hace ya unos años y nos gusta compartir tiempo juntos. A la edad de cincuenta y cinco años, le acaban de diagnosticar un tumor cerebral inoperable. Cuando me enteré, hacía dos semanas que habíamos desayunado juntos, y se veía bien. Ahora, a menos que Dios haga un milagro en su cuerpo, Avery estará con Cristo en uno o dos años.

La vida es muy incierta. Proverbios 27:1 declara: "No te jactes del día de mañana; porque no sabes que dará de sí el día". En los versículos 13-15 del capítulo 4, Santiago ciertamente quiere que prestemos atención. No tiene provecho convertir las cosas de esta vida en un gran asunto, dice, cuando simplemente estamos de paso. No se nos garantiza ninguna cantidad de tiempo aquí.

De acuerdo a Santiago, nuestra actitud debería ser: "Si el Señor quiere, viviremos y haremos esto o aquello" (4:15). Esto no es simplemente una frase que se supone que usemos al mismo tiempo que continuamos haciendo planes como si nuestras vidas nunca acabarán. Aquí Santiago nos llama a que seriamente entendamos que nuestras vidas están en las manos de Dios. No importan los planes que hagamos, Dios enumera nuestros días. Él conoce el fin; nosotros no.

Cuando mi familia y yo vivíamos en Portland, nuestra casa estaba muy cerca de un cementerio. Yo manejaba por ese cementerio muy frecuentemente, y no podía evitar pensar: "Uno de estos días mi nombre va a ser grabado en una lápida". A pesar de que no nos gusta pensar en ella, la muerte es una realidad—y es segura—para cada uno de nosotros. Le puedo garantizar una cosa: de aquí a cien años, ni usted ni yo estaremos aquí.

La vida es un rato

En el versículo 14, Santiago dice que nuestras vidas son como una neblina que se desvanece en la luz de la eternidad. Job afirma: "Nuestros días sobre la tierra son como sombra" (Job 8:9). La muerte es muy repentina para mucha gente. Nunca sabemos cuándo ocurrirá un accidente.

Daba una charla en un retiro juvenil de invierno en el Monte Hood cuando conocí a Dave Johnson. Tuvimos un tiempo magnífico esquiando, pero también tuvimos un gran tiempo de refrescamiento espiritual. En cierto punto, me senté con Dave, un muchacho de diecisiete años que era nuevo en el grupo. Le pregunté si sabía dónde pasaría la eternidad. Me contó de su decisión de abrir su corazón a Jesucristo unos meses atrás. Fue una gran conversación.

Dos semanas después, Dave murió cuando un carro se desvió hacia el carril del centro y chocó el suyo de frente. Todavía tengo su equipo de esquiar en mi garaje. Conozco numerosas historias de gente joven que ha muerto inesperadamente. El punto es que nunca sabemos cuándo llegará el fin. Para alguno, podría ser más pronto de lo que imaginamos.

He estado en aviones que se han encendido en fuego, he sido atacado por perros pit bulls, he estado en disturbios callejeros y he rodado por precipicios. En más de una ocasión, pensé que mi vida terminaría. Una cosa entiendo: cuando muera, moriré solo. Me pararé solo delante del Señor. Mi mamá no estará a mi lado con su brazo sobre mí diciendo: "Dios, tienes que dejar que Danny entre. Él fue un gran muchacho". Será un asunto entre Dios y yo.

Algún día cada uno de nosotros deberá enfrentar a Dios y dar cuenta de nuestras vidas. Así que, ¿por qué vivimos como si nunca nos pasará nada? ¿Por qué hacemos planes para el futuro sin pensar en Dios? ¿Por qué continuamos como si fuéramos a estar aquí siempre?

Cuando estaba en el seminario, tuve que tomar una clase llamada "La muerte y el morir". No era exactamente una clase muy alegre, pero sí muy útil. Leímos un libro titulado *Beyond Death's Door* (Más allá del umbral de la muerte), por el doctor Maurice Rawlings,[54] un cardiólogo y profesor de medicina de la Universidad de Tennessee. Él escribió acerca de su experiencia con pacientes mientras estos transitaban hacia la eternidad.

Años después que su libro fue publicado, leí un artículo en la revista OMNI, en la que él escribió: "El simple hecho de escuchar a estos pacientes ha cambiado mi vida. Hay vida después de la muerte y si no sé a dónde iré, no es recomendable morir".[55]

En este pasaje, Santiago indica: "No deberías jactarte; no deberías presumir. No deberías estar haciendo todos esos planes. Deberías pensar en el hecho de que tu vida aquí es corta, y tu relación con Dios es más importante que todas las actividades y cosas que haces".

En el grupo de jóvenes en el que trabajaba en la Iglesia Bíblica Cedar Mill situada en Portland, había una muchacha de quince años llamada Stephanie. Esta tenía una personalidad efervescente y una sonrisa enérgica. Era la única hija de sus padres, que eran miembros activos de la iglesia.

Un día Stephanie no se sintió bien, así que su mamá la fue a buscar a la escuela. Fueron al doctor y se enteraron de que Stephanie tenía leucemia. Los doctores inmediatamente comenzaron tratamientos de quimioterapia. Pronto Stephanie perdió su pelo y tuvo que usar peluca, abandonó la escuela por un tiempo, y dejó de hacer muchas de sus actividades favoritas, pero siempre mantuvo una actitud positiva. Nuestra iglesia la apoyó y la animó en todo momento.

Después de un tiempo, la leucemia entró en remisión y tuvimos gran esperanza. Ella regreso a la escuela y todo fue normal por un tiempo. Entonces un día la leucemia regresó. En cuestión de días, su mamá me llamó y me pidió que fuera al hospital a orar con Stephanie. Estaba en coma, pero pensaban que podía oír. Yo sólo tenía veintiocho años en ese tiempo, y allí estaba con esa muchacha de dieciséis años que estaba en una cama totalmente entubada, convulsionando por causa de la fiebre tan alta.

Me senté al lado de su cama y comencé a leer el Salmo 23. Cuando iba por la mitad del Salmo, comencé a llorar. Sabía que la muchacha no seguiría con nosotros mucho tiempo más. Cerré mi Biblia y susurré a su oído: "Stephanie, uno de estos días, te veré en el cielo".

Regresé a donde estaban sus padres; podía ver en sus caras que sabían que estaban perdiendo a su única hija. Le pregunté a la mamá: "¿Stephanie tenía idea de que su condición estaba empeorando?".

Su mamá me dijo que la tarde anterior, Stephanie llamó a sus padres a su cuarto y les dijo: "Mamá y papá, mañana voy a morir, pero no se preocupen por mí. Voy a estar con Cristo". Al día siguiente murió. A los dieciséis años, enfrentó la muerte con más confianza de la que muchos adultos tienen al morir.

¿Por qué nos envolvemos tanto en la complejidad de esta vida? Lo importante no es lo que hacemos, sino lo que somos. Al fin y al cabo, nuestras vidas terminarán y lo único que importará es si conocimos a Jesús como Salvador.

A la luz de la eternidad, nuestras vidas son muy breves. También son inciertas, nunca sabemos cuándo nos llamará Dios a casa. Pero aquellos que hemos confiado en Cristo como nuestro Salvador no debemos temer a la muerte. Tenemos la esperanza bendita de que cuando nuestro tiempo aquí se acabe, tenemos una casa celestial perfecta.

¿Tienes esa esperanza bendita? ¿Tienes la misma certeza que Stephanie? Si no, puedes orar ahora mismo y pedirle a Jesús que venga a tu vida y te dé la esperanza de la eternidad.

Capítulo 22

ES UN HECHO: EL DINERO HABLA

¡Vamos ahora, ricos! Llorad y aullad por las miserias que os vendrán. Vuestras riquezas están podridas, y vuestras ropas están comidas de polilla. Vuestro oro y plata están enmohecidos; y su moho testificará contra vosotros, y devorará del todo vuestras carnes como fuego. Habéis acumulado tesoros para los días postreros. He aquí, clama el jornal de los obreros que han cosechado vuestras tierras, el cual por engaño no les ha sido pagado por vosotros; y los clamores de los que habían segado han entrado en los oídos del Señor de los ejércitos. Habéis vivido en deleites sobre la tierra, y sido disolutos; habéis engordado vuestros corazones como en día de matanza. Habéis condenado y dado muerte al justo, y él no os hace resistencia.

SANTIAGO 5:1-6

Un ministro recibe una llamada de una mujer angustiada a la que se le murió su gato. Ella le pregunta si podría oficiar el funeral de Homer, su gato muerto. El hombre lo piensa por un minuto, y luego le dice que él no cree que esto sea parte de su trabajo como ministro bautista. Él la refiere al ministro presbiteriano que está al bajar la calle.

La mujer está un poco frustrada, pero llama al ministro presbiteriano. Él se disculpa explicando que su directiva probablemente no le dé permiso para oficiar el funeral de Homer. Al fin, la mujer llama al ministro metodista, pero este también le dice que no lo puede hacer y le sugiere que llame al ministro bautista de nuevo.

Ella vuelve a llamar al ministro bautista, y esta vez le dice: "He tratado con los otros ministros y ninguno está dispuesto a oficiar el funeral de Homer. En verdad, quiero enterrar a mi gato de manera apropiada, así que he decidido darle mil dólares al ministro que oficie su funeral. Preferiría que lo hiciera usted ya que yo también soy bautista".

El ministro piensa por un momento, luego responde: "Bien, debió haberme dicho desde el principio que su gato era bautista. Claro que oficiaré el funeral".

El dinero ciertamente puede cambiar las cosas. He estado en situaciones en las que soy invitado a dar una charla en algún lado, y, verdaderamente no quiero perderme una actividad familiar, o estar lejos el fin de semana. Al decir que no estoy interesado, esas palabritas familiares salen a relucir: "¿Qué se necesitaría para que podamos tenerte aquí este fin de semana?". Eso refleja nuestra creencia de que el dinero habla.

Cuando leí este pasaje, pensé: *¿A quién le está hablando Santiago? Yo tengo riquezas. ¿Acaso estoy en problemas? ¿Se me avecina la miseria?*.

Puede que Santiago haya tenido algunos ricos en su audiencia. Quizá supiera de algunos ricos que estarían visitando las iglesias donde se leería esta carta. No estoy muy seguro, pero sí sé que su tono ha cambiado. Ya no comienza sus párrafos como antes, diciendo: "Escuchen, hermanos". En el versículo 1 de este pasaje, él dice: "Escuchen ahora, ricos", y después les cae encima.

En el tiempo en que Santiago escribió estas palabras, el estatus de la persona dependía de la cantidad de tierra que tuviera. Santiago probablemente se dirigía a algunos de los ricos dueños de tierras de aquellos días. Esas personas seguían la Regla de Oro: Aquel que tiene el oro pone las reglas. Déjenme darles algunas ideas acerca de por qué Santiago escribió este pasaje. Hablemos de dinero, porque el dinero si habla. El dinero nos dice lo que valoramos, lo que apreciamos, lo que es importante en nuestras vidas. El dinero habla de nuestro corazón.

El dinero revela nuestras prioridades

Santiago debió estar pensando en la historia de Lucas capítulo 12, en la que el hombre rico que tenía una gran cosecha decide construir graneros más grandes para poder "relajarse placenteramente". En el versículo 3 del capítulo 5, Santiago dice: "Habéis acumulado tesoro para los días postreros". Debió haberse acordado de lo que dijo Jesús acerca de la persona que acumula dinero y sólo piensa en sí misma.

Veo tres problemas en cuanto a acumular. Primero, usualmente se hace por un placer egoísta. ¿Quiere el Señor que trabajemos y nos ganemos la vida? Claro que sí. Pero, Dios se opone al exceso de acumulación para obtener placeres egoístas.

El segundo problema con la acumulación es que provee un falso sentido de seguridad. Tengo una cuenta de ahorros, y me gusta tenerla. Dios no se opone al ahorro. Pero no le agrada que dependamos de nuestros ahorros para salir de problemas, ni que pongamos nuestra confianza en nuestros ahorros más que en Él.

El problema final con la acumulación es que le quita dinero a aquellos que más lo necesitan. Este era el caso de la gente a la cual Santiago le escribía. Los pobres trabajadores no tenían suficiente para vivir porque los ricos lo acumulaban todo.

Debemos comprender la diferencia entre acumular y ahorrar. Ciertamente Dios no quiere que seamos perezosos. En 1 Timoteo 5:8, Pablo escribió: "porque si alguno no provee para los suyos, y mayormente para los de su casa, ha negado la fe, y es peor que un incrédulo". Definitivamente que estamos supuestos a trabajar, ganar dinero y mantener a nuestras familias. Trabajar y ahorrar son muy importantes.

En la parábola de los talentos en Mateo 25:14-30, el amo llama a sus sirvientes para que le den cuenta de los fondos que les encargó antes de irse de viaje. Los primeros dos han sido productivos con la riqueza de su amo, pero el tercero no ha hecho nada más que ocultarla. A este siervo improductivo el amo le dice: "Debías haber dado mi dinero a los banqueros y, al venir yo, hubiera recibido lo que es mío con los intereses" (v. 27). La Biblia dice mucho acerca del dinero y los ahorros y de cuidar de nuestras familias. No obstante, también nos advierte acerca de la acumulación.

Otra palabra para acumulación es *avaricia.* A veces sabemos que hay avaricia en nuestras vidas, pero otras veces ni siquiera la reconocemos.

Cuando me ofrecieron la posición como pastor de la Iglesia Bautista Fair Oaks, los ancianos me dijeron que me darían cierta cantidad de dinero como salario. También me dijeron que darían algún dinero para ayudarme con el proceso de mudanza y la compra de una casa. Agradecidamente recibí ese dinero al tiempo que comenzaba a trabajar en el ministerio. Un día caí en cuenta de que no necesitaba todo el dinero que me habían dado. Pude haber comprado mi casa con menos dinero. Al ver que la iglesia tenía problemas financieros, me percaté de que me equivoqué guardando ese dinero extra cuando en realidad no lo necesitaba. Hablé con mi esposa al respecto y acordamos regresar la mitad del dinero que se nos había dado para comprar nuestra casa. Me di cuenta de lo avaro que había sido al acumular ese dinero para mí.

Santiago nos dice que la acumulación no es saludable y que la manera en que empleamos el dinero que Dios nos dice mucho acerca de nuestras prioridades. El dinero también nos dice si somos honestos o deshonestos con lo que se nos ha dado.

El dinero revela nuestras prácticas

Una mujer tomaba sol en una playa de la Florida. Un niño se le acercó abruptamente y le dijo:

—Señora, ¿cree en Dios?

La mujer se sorprendió un poco, pero le respondió:

—Sí, yo creo en Dios.

—¿Usted va a la iglesia y lee la Biblia y ora todos los días?—preguntó el niño.

La mujer lo miró curiosamente y respondió:

—Sí.

—¡Grandioso!—dijo el niño—. ¿Podría usted sostenerme esta moneda mientras voy a nadar? Aquel niño sabía quién era la clase de persona a la que le podía confiar su dinero.

Esos adinerados terratenientes de los cuales Santiago habla, empleaban trabajadores para que laboraran en los campos y, al final del día, no les pagaban. En Deuteronomio 24:14-15, Dios mandó a los israelitas: "No oprimirás al jornalero pobre y menesteroso ya sea de tus hermanos o de los extranjeros que habitan en tus tierras dentro de tus ciudades. En su día le darás su jornal, y no se pondrá el sol sin dárselo: pues es pobre, y con él sustenta su vida". La Biblia es tan práctica. Esos trabajadores o jornaleros no tienen dinero guardado. Ellos necesitan dinero diariamente para comprar comida para sus familias.

Proverbios 13:11 dice: "Las riquezas de vanidad disminuirán; pero el que recoge con mano laboriosa las aumenta". Usted y yo diremos: "Yo no soy deshonesto. Yo pago mis deudas". Pero hay otro asunto. Podemos ser deshonestos al no darle a Dios lo que le pertenece. Dios no está simplemente sugiriendo que le demos lo que le pertenece, Él lo ordenó (ver Malaquías 3:8-12).

Podemos decir: "Señor, estoy pasando por momentos difíciles". Podemos sacar cualquier clase de excusas. Pero Dios es quien nos ha dado el aire que respiramos, los corazones que laten dentro de nosotros, nuestra salud y nuestros trabajos, y quiere que reconozcamos ese hecho. Dar es un acto de alabanza y aprecio. No se trata de pagar diezmos, se trata de dar con un corazón agradecido a Dios.

No es fácil pensar: "¿Cuánto más puedo dar? ¿Con cuánto menos puedo vivir?". La vida es cara y todos pasamos por duros momentos financieros. El problema es que no le damos a Dios la oportunidad de probarse a sí mismo, como nos dice que hagamos en Malaquías 3:10. ¿Por qué no pagarle a Dios primero y dejarlo que obre? No es que Dios esté ajeno a nuestras condiciones financieras. Necesitamos decir: "Dios, tengo todas estas deudas, y no sé qué voy a hacer, pero voy a hacerte a ti el primer cheque". Definitivamente que el dinero revela no sólo nuestras prioridades sino también nuestras prácticas. Santiago sabe que la mayor parte de su audiencia es pobre. Ellos miran a la gente rica de su comunidad y piensan: *¿No sería magnífico ser como ellos?*. Santiago conocía el peligro de la envidia. También conocía que los ricos serían juzgados por aprovecharse de los pobres. Él no quería que los cristianos se enfrascaran en desear la vida de los ricos porque sabía que esa vida acabaría en ruinas.

Quizá esté pasando por momentos económicos difíciles. Puede que sienta envidia de aquellos no creyentes a los cuales todo les parece ir bien. Escuche las palabras del salmista:

> En cuanto a mí, casi se deslizaron mis pies; por poco resbalaron mis pasos. Porque tuve envidia de los arrogantes, viendo la prosperidad de los impíos. Porque no tienen congojas por su muerte, pues su vigor está entero. No pasan trabajos como los otros mortales, ni son azotados como los demás hombres. Por tanto, la soberbia los corona; se cubren de vestido de violencia. Los ojos se les saltan de gordura; logran con creces los antojos del corazón. Se mofan y hablan con maldad de hacer violencia; hablan con altanería... He aquí estos impíos, sin ser turbados del mundo, alcanzaron riquezas. Verdaderamente en vano he limpiado mi corazón, y lavado mis manos en inocencia; pues he sido azotado todo el día, y castigado todas las mañanas (Salmo 73:2-8; 12-14).

El salmista escribe con el corazón. Él dice: "Señor, he estado viendo a esta gente rica, y sus vidas se ven grandiosas. Te he seguido, pero tengo todos estos problemas". Luego en los versículos 18 hasta el 26 se da cuenta de lo que le pasará a esta gente a la cual envidia tanto:

> Ciertamente los has puesto en deslizaderos; en asolamientos los harás caer. ¡Cómo han sido asolados de repente! Perecieron, se consumieron de terrores. Como sueño del que despierta. Así, Señor, cuando despertares, menospreciarás su apariencia. Se llenó de amargura mi alma, y en mi corazón sentía punzadas. Tan torpe era yo, que no entendía; era como una bestia delante de ti. Con todo, yo siempre estuve contigo; me tomaste de la mano derecha. Me has guiado según tu consejo, y después me recibirás en gloria. ¿A quién tengo yo en los cielos sino a ti? Y fuera de ti nada deseo en la tierra. Mi carne y mi corazón desfallecen; mas la roca de mi corazón y mi porción es Dios para siempre.

Santiago quería recordarles a sus lectores que tenían mucho más que toda la gente rica junta, tenían a Dios y la esperanza del cielo. ¿Qué más podían pedir?

Oro porque seamos animados por este pensamiento. Demos generosamente, con un corazón agradecido, no acumulando nuestro dinero como necios adinerados. Dios mira nuestros corazones.

Santiago nos recuerda de manera práctica que la vida es una neblina, que aparece por un poco de tiempo y luego se desvanece. El dinero nos habla acerca de nuestra vida en la tierra, pero una vez que vayamos al cielo, no importará cuánto teníamos o no. Lo que importará es cómo usamos el dinero y los recursos con los cuales Dios nos bendijo tan ricamente.

Capítulo 23

DIOS NOS LLAMA A RESISTIR

Por tanto, hermanos, tened paciencia hasta la venida del Señor. Mirad cómo el labrador espera el precioso fruto de la tierra, aguardando con paciencia hasta que reciba la lluvia temprana y la tardía. Tened también vosotros paciencia, y afirmad vuestros corazones; porque la venida del Señor se acerca. Hermanos, no os quejéis unos contra otros, para que no seáis condenados; he aquí, el juez está delante de la puerta. Hermanos míos, tomad como ejemplo de aflicción y de paciencia a los profetas que hablaron en nombre del Señor. He aquí, tenemos por bienaventurados a los que sufren. Habéis oído de la paciencia de Job, y habéis visto el fin del Señor, que el Señor es muy misericordioso y compasivo. Pero sobre todo, hermanos míos, no juréis, ni por el cielo, ni por la tierra, ni por ningún otro juramento; sino que vuestro sí sea sí, y vuestro no sea no, para que no caigáis en condenación.

SANTIAGO 5:7-12

Un hombre está sentado en su carro en una intersección. El semáforo está en verde, pero él no se mueve. La gente en los autos atrás de él comienza a sonar las cornetas. Él sigue sin moverse. El sonido de las cornetas aumenta. El hombre se frustra con todo ese sonido. Sale de su carro y se dirige al que está detrás de él. El chófer baja la ventanilla, y el hombre le dice: "Lo siento, no consigo encender mi carro, pero si usted quiere, puede intentar hacerlo mientras yo me siento en su carro y le sueno la corneta a usted".

No somos una sociedad muy paciente. En el capítulo 1, Santiago habló de la paciencia o perseverancia en medio de los problemas. Aquí, en el capítulo 5, vuelve a discutir acerca de la paciencia, pero esta vez tiene la connotación de resistir.

Santiago les habla a los primeros cristianos, animándoles a resistir a pesar de todas las cosas que están pasando y de que están siendo explotados por los ricos.

Aprendí acerca de la resistencia en el quinto grado. Yo era un gran aficionado del fútbol americano, y en ese momento me gustaban los Green Bay Packers. Ese año, decidí inscribirme en el equipo de fútbol de la escuela. Estaba un poco por debajo del peso límite, lo que automáticamente me hizo guardavía.

En mi primer entrenamiento, me estaba yendo bien hasta que cometí un error, y el entrenador me hizo darle una vuelta corriendo a la pista de mi escuela secundaria, que medía un cuarto de milla. Me gusta el fútbol. Odio correr. Pero de todos modos comencé a correr alrededor de la pista. Le di una vuelta y luego regresé al entrenamiento.

Como una hora más tarde me volví a meter en problemas porque no hice algo bien, y todo un grupo de nosotros tuvo que correr alrededor de la pista. Esta vez cuando llegué a la primera curva de la pista, en vez de continuar la vuelta para regresar al equipo, me fui corriendo hacia el estacionamiento. Me imaginé que mi mamá pronto estaría allí para recogerme. Me gustaba el fútbol, pero no jugarlo porque no tenía resistencia.

Al hacerme un poco mayor de edad, me di cuenta de que correr es parte del juego. El fútbol americano no es sólo lo que vemos en la televisión. También incluye todo el entrenamiento de antemano que les permite a los jugadores jugar excelentemente. La resistencia no era algo a lo que estaba acostumbrado, no me gustaba en ese entonces, y todavía hay momentos en los cuales no me gusta.

La resistencia requiere mantener el curso

¿Cómo llegaremos al final? ¿Cómo vamos a resistir en un mundo malvado? ¿Qué vamos a hacer cuando la maldad parezca prevalecer? Tenemos que mantener el curso con Dios.

En el versículo 7 de este pasaje, Santiago usa la ilustración de un agricultor. Este conoce los principios de la agricultura. Sabe que los campos deben ser preparados y atendidos y que todas las semillas deben ser plantadas, regadas y fertilizadas, y que no puede cambiar esas necesidades. Sabe, además, que debe mantener el curso.

Como cristianos, también tenemos que mantener el curso. Tenemos que encontrar equilibrio en medio de todas las cosas que pasan a nuestro alrededor. Puede ser muy difícil el poderse mantener equilibrado en esta vida. En nuestro diario andar—bien sea en la gasolinera o en el supermercado, en el trabajo, en nuestras iglesias, en la carretera o donde sea—casi siempre tenemos una actitud apática hacia el mundo, o tenemos un espíritu de ira hacia él.

La apatía es probablemente la ruta más fácil. A la actitud apática, simplemente no le interesa nada. Vivimos en un mundo malvado, rodeados por gente que no conoce a Jesús, así que nos damos por vencidos. Tenemos nuestras vidas, familias e iglesias. No nos importa que la gente esté perdida. Aunque nos levantemos y nos importe cómo lucimos, cómo nos sentimos y si tenemos nuestros derechos, no nos importa que la gente alrededor se esté perdiendo.

Cuando vemos toda esa gente malvada, pensamos: *Si no quieren a Dios, está bien, yo no me tengo que incomodar por eso.* Entramos en una actitud de total apatía.

Al viajar y dar charlas, y reflexionar en mi propia vida, pienso: "Hay tantas palabras, pero tan poco cambio". Todo el mundo habla de cambio, de consagrarse a seguir a Cristo pero, ¿dónde está el cambio? ¿Cuándo nos daremos cuenta de que hay gente viviendo al lado de nosotros que está perdida? Simplemente no nos importa. Ese es el espíritu de apatía.

Luego está la reacción opuesta: el enojo. ¿Alguna vez se enoja con el mundo? ¿Alguna vez piensa: *Por qué no le tiramos una bomba a esos problemáticos y así estaremos mejor?*. Me recuerda a Jonás, que quería que Dios aniquilara al pueblo de Nínive para no tener que irles a predicar del arrepentimiento (Jonás 1–4).

La bajeza de este mundo se ha metido en la cultura de la iglesia, de manera que cuando vemos gente que no conoce al Señor sentimos rabia contra ellos. Los vemos en las carreteras y las autopistas cuando se nos atraviesan y manejan como locos. No pensamos en términos de "¿Qué haría Jesús?". Pensamos en términos de "¿Cómo me puedo desquitar de ellos?". Pensamos en marcar los frenos repentinamente si están manejando muy pegados a nuestros coches. Pensamos en términos de "me la vas a pagar". Esa actitud de enojo se ha convertido en parte de nuestra cultura.

Philip Eaton, presidente de la Universidad Seattle Pacific, escribió acerca del tema de la bajeza en una de sus cartas de oración. Decía: "Como líder de una organización cristiana, siento lo peor por este tipo de bajeza dentro de la comunidad. Un juicio y una sospecha bajos que reflejan la cultura".[56] Hemos dejado que esta cultura se meta en nuestras vidas, y tomamos represalia de la manera que el mundo lo hace.

Como escribió Dallas Willard: "Hemos encontrado maneras de ser cristianos sin ser como Cristo".[57] Lentamente, hemos llegado a creer que salirnos con la nuestra es más importante que ser como Cristo.

El buen conocido eslogan que los jóvenes tanto mencionan: "¿Qué haría Jesús?" es un gran modo de ganarse un millón de dólares. Pero, ¿verdaderamente pensamos así? Al enfrentar una situación en la cual gente malvada nos oprime, pensamos: "¿Qué haría Jesús?" ¿O en cómo Jesús respondería en esa situación? O simplemente, ¿queremos probar que tenemos razón al vengarnos y tomar represalia?

En los versículos 8 al 11, Santiago habla de la paciencia en el sufrimiento. Una cosa que sabemos por este pasaje es que la paciencia no es pasividad. No quiere decir sentarse sin hacer nada. La paciencia, la perseverancia y la resistencia implican pasión y mantener el curso. Ese curso es la Gran Comisión que Jesús nos dio en Mateo 28:18-20: el mandato a ir por todo el mundo y hacer discípulos.

Una iglesia en Fort Lauderdale, Florida, comenzó en 1989 con trescientas personas. En un periodo de dos años ganaron varios miembros, y estaban muy contentos. Se fueron a un retiro a celebrarlo. Allí se dieron cuenta de que su crecimiento se había basado en captar gente de otras iglesias. Todo lo que habían estado haciendo era mover gente de un lado a otro, no ganando nuevas personas para Cristo.

Así que decidieron dar un vuelco. Pasaron de trescientos miembros a un promedio de asistencia de dos mil trescientas personas los domingos por la mañana, sin buscar gente de otras iglesias, sino trayendo nuevas personas a Cristo. Los miembros de esa congregación descubrieron que su misión era el ir y hacer discípulos, y han visto un gran crecimiento por el compromiso que han mantenido con esa misión.

Resistir requiere esperar en Cristo

Se nos hace difícil esperar. En el versículo 7, Santiago afirma: "Por tanto, hermanos, tened paciencia hasta la venida del Señor. Mirad como el labrador espera". Claro, esperar no significa no hacer nada. El agricultor trabaja, eliminando la hierba mala, regando y haciendo otras cosas mientras espera el crecimiento.

Proverbios 20:22 dice: "Espera a Jehová, y él te salvará". ¿Qué quiere decir esperar en el Señor? Quiere decir tener un oído atento, un corazón receptivo y una concentración espiritual, esperando por la dirección de Dios en nuestras vidas. No quiere decir que nos sentemos y juguemos con nuestros dedos. Martin Lutero señaló: "Ora como si todo dependiera de Dios y trabaja como si todo dependiera de ti".[58]

Por ejemplo, si no tenemos trabajo, no debemos sentarnos y decir: "Señor, necesito trabajo". Debemos esforzarnos por buscar uno. Esperar en el Señor es una actitud que viene de tener toda nuestra esperanza y confianza en Él.

Después de trabajar en campañas alrededor del mundo por los últimos veinte años, he observado que hay un punto en el que ya yo he hecho todo lo que puedo y tengo que dejarle el resto a Dios. Hay veces en nuestras vidas en que hemos hecho todo lo posible. Sólo tenemos que decir: "Señor, ¿Qué quieres que haga ahora?", y luego esperar a escuchar su voz.

El profeta Isaías tiene unas muy buenas palabras al respecto:

> Los muchachos se fatigan y se cansan, los jóvenes flaquean y caen; pero los que esperan a Jehová tendrán nuevas fuerzas; levantarán alas como las águilas; correrán, y no se cansarán; caminarán, y no se fatigarán (Isaías 40:30-31).

La resistencia requiere buscar a Cristo

Santiago habla claramente en este pasaje acerca de buscar la venida de Jesús, lo que también se conoce como su "gloriosa aparición" (Tito 2:13). Este era un aspecto muy importante de la fe cristiana durante los primeros años. Verdaderamente esperaban que Cristo regresara en cualquier momento y ansiaban su venida. Se levantaban cada mañana anhelando su venida.

Esos primeros cristianos tenían una vida dura. No eran de lujo ni facilidad. El prospecto de irse al cielo con Jesús era más atractivo que continuar viviendo en esta tierra. Debido a que buscaban diligentemente la venida de Cristo, esa expectación afectaba la manera en que vivían y sus pensamientos.

Para la mayoría de nosotros, el regreso de Jesús tal vez no se nos viene mucho a la mente. Se ha estado hablando de ello por tanto tiempo. Se han dado predicciones y especulaciones acerca de su venida por varios años y en varias maneras. Hemos inventado sistemas teológicos para poder comprender cuándo será ese acontecimiento. Todos hemos escuchado muchos sermones y leído muchos libros advirtiéndonos de su inminente regreso, pero todavía no parece cambiar la manera en que vivimos diariamente.

¿De veras pensamos que va a regresar? ¿Nos importa su regreso? Quizá pensemos que Jesús no tiene nada que ofrecernos en vista de lo que tenemos aquí en la tierra. Tenemos nuestras familias y un buen trabajo, una linda casa y una cabaña en el bosque y un auto grande; y la vida es genial. No hay apuro. Seguro, queremos estar con Jesús algún día en el cielo, pero por ahora, tenemos la buena vida; y queremos disfrutarla. ¿De veras queremos que Jesús regrese?

La razón por la cual esos cristianos resistieron—lo que los mantuvo en pie—era que creían que Jesús vendría a buscarlos para llevarlos al cielo con Él. Más que nada, deseaban estar con su Maestro, sentarse a sus pies y servirle.

Un pastor ruso fue puesto en prisión por mucho tiempo. Una carta que escribió fue sacada de la prisión en contrabando, y en ella decía: "Con Jesús, mi amado Maestro, cualquier lugar es bueno. Con Él, tengo luz en el oscuro calabozo. Le he pedido que me ponga donde se me necesite, no donde sea mejor para el hombre exterior, sino donde pueda dar fruto. Este es mi llamado".[59]

¿Es cierto eso? ¿Lucimos, actuamos y pensamos más como Cristo cada día? Si no estamos interesados en ser más como Él, y si no estamos interesados en ser gente que comparta su luz con otros, entonces nuestro cristianismo es una farsa.

¿Somos verdaderamente seguidores consagrados de Cristo? ¿Vive Jesús en nosotros? ¿Vive Él a través de nosotros? Perseveremos pacientemente ante el sufrimiento, mientras esperamos ansiosamente el regreso de nuestro Rey.

Capítulo 24

La raíz del asunto

¿Está alguno entre vosotros afligido? Haga oración. ¿Está alguno alegre? Cante alabanzas. ¿Está alguno enfermo entre vosotros? Llame a los ancianos de la iglesia, y oren por él, ungiéndole con aceite en el nombre del Señor. Y la oración de fe salvará al enfermo, y el Señor lo levantará; y si hubiere cometido pecados, le serán perdonados. Confesaos vuestras ofensas unos a otros, y orad unos por otros, para que seáis sanados. La oración eficaz del justo puede mucho. Elías era hombre sujeto a pasiones semejantes a las nuestras, y oró fervientemente para que no lloviese, y no llovió sobre la tierra por tres años y seis meses. Y otra vez oró, y el cielo dio lluvia, y la tierra produjo su fruto. Hermanos, si alguno de entre vosotros se ha extraviado de la verdad, y alguno le hace volver, sepa que el que haga volver al pecador del error de su camino, salvará de muerte un alma, y cubrirá multitud de pecados.

SANTIAGO 5:13-20

Una niña va de visita a la casa de su amiga. Antes de la cena, la mamá de su amiguita le pregunta si le gusta el brócoli con mantequilla. La chica cortésmente responde:

—Sí, me fascina el brócoli con mantequilla.

Mientras la comida se está sirviendo en la mesa, cuando la niña ve el brócoli, decide no servirse. La madre le dice:

—Pensé que dijiste que te gustaba el brócoli servido con mantequilla.

—Me gusta—respondió la niña—. Pero no lo suficiente como para comérmelo.

La gente me ha dicho que le fascina estudiar el libro de Santiago. Mi oración es que tanto a usted como a mí nos haya fascinado lo suficiente como para aplicarlo a nuestra vida diaria.

Al concluir su carta y traer a conclusión todas las cosas que ha discutido, el apóstol termina yendo a la raíz del asunto: ¿Cómo vivimos así? ¿Cómo obedecemos? ¿Cómo resistimos tiempos difíciles? Santiago dice que todo se basa en nuestra relación con Dios y en el tiempo que pasamos en oración. El centro de la vida del cristiano es la oración.

El libro de Richard Foster, *Prayer* (Oración), es probablemente el mejor que he leído en esta materia. En él, Foster afirma: "La verdadera oración no viene del rechinar de nuestros dientes, sino de enamorarnos".[60] ¿Es eso verdad? ¿Es nuestra experiencia con Dios tan verdadera que estamos enamorados de Él y que la oración es sólo un flujo de nuestra comunicación con Él? En el versículo 16, Santiago dice: "La oración eficaz del justo puede mucho". Él también nos da tres cosas por las cuales orar.

Orar por aquellos que sufren

En este pasaje, Santiago nos vuelve a recordar que la oración nos ayuda a resistir. La paciencia viene de Dios y la oración es la manera de obtenerla. ¿Cómo sobrepasamos una situación difícil, una situación de sufrimiento? No lo hacemos con nuestras propias fuerzas, sino a través de la oración, experimentando la fuerza de Dios en nosotros.

Todos conocemos a alguien que sufre. En el versículo 13, Santiago indica: "¿Está alguno entre vosotros afligido? Haga oración". La palabra *afligido* que Santiago usa aquí quiere decir: sufrimiento profundo. No es necesariamente un sufrimiento que la persona misma se causó, sino una de esas difíciles situaciones que son parte de la vida.

En el mismo versículo, Santiago declara que todo aquel que sufre debe orar. La palabra que utiliza aquí para *orar* significa "mantenerse en oración". Cada día, usted y yo necesitamos nuevas fuerzas. La fuerza de hoy no es suficiente para mañana.

Se necesita más. Se necesita más oración. Se necesita más tiempo con Dios.

Personalmente, cuando veo a alguien sufrir, mi primera reacción es: "Señor, quítales el sufrimiento. Sánales físicamente. Dales un trabajo. Satisface sus necesidades". Quiero quitarles el sufrimiento. Quiero sacar la aflicción de sus vidas porque sé que les causa dolor.

Pero el problema—y lo que siempre se me recuerda—es que la aflicción es la sustancia del crecimiento. A pesar de que quiero eliminarla de la vida de la persona, tengo que recordar que Dios está trabajando un plan en la vida de ese individuo a fin de hacerle crecer. El verdadero crecimiento viene de la adversidad, la aflicción y el sufrimiento.

Charles Spurgeon dijo: "La mayoría de las grandes verdades de Dios se aprenden sólo en los problemas; estas verdades deben ser esculpidas en nosotros con el hierro ardiente de la aflicción, de otro modo nunca las aprenderíamos".[61]

Puede que esté en medio de la aflicción ahora mismo. Puede que haya pasado por un sufrimiento y esté pensando: *Espero haber aprendido mi lección, no quiero volver a pasar por eso.* Si es así, entonces este capítulo tiene buenas noticias para usted porque su aflicción y sufrimiento están haciendo una gran obra en usted y para usted (ver 2 Corintios 4:16-17).

Alexander Solzhenitsyn, el gran escritor que pasó mucho tiempo en prisión en la Unión Soviética, escribió: "Un hecho que no se puede discutir es que la personalidad humana en Occidente se está debilitando, mientras que en el Oriente, se afirma y fortalece... hemos pasado por un entrenamiento espiritual más avanzado que el que ha experimento Occidente. El aplastamiento complejo y mortal de la vida ha producido personalidades más fuertes, profundas e interesantes que las que han generado por el bienestar normal de Occidente".[62]

Él no estaba arremetiendo contra Occidente. Lo que dijo es que aquellos que estaban en la Unión Soviética bajo el comunismo vivían en aflicción. Eran perseguidos, golpeados y encarcelados a causa de la fe, y por esos sufrimientos tenían una personalidad cristiana distinta. Aquellos que nunca hemos resistidos persecución o encarcelamiento por causa de Jesús, no tenemos la misma personalidad profunda.

Al reflexionar en mi vida, parece rebotar entre días buenos y días malos como si fuera una pelota de ping-pong. Me gustan más los días buenos. Pero sé que los malos producen crecimiento en mi vida.

En el versículo 13, Santiago también dice: "¿Está alguno alegre? Cante alabanzas". En otras palabras, bien sea que tenga un día bueno o malo, que esté afligido o no, la raíz del asunto es la oración, sea la oración de alabanza o la oración tipo "Dios, dame la fuerza para resistir esto".

Si usted guarda silencio ante Dios, él le ministrará como nadie más puede. Yo no me puedo meter en lo profundo de su alma, pero Dios ya está allí. A través del Espíritu Santo, Él traerá consuelo a su vida si le abre su corazón a Él en oración.

Orar por los enfermos

En 1988, fui a un hospital de Portland, Oregón, para prepararme para mi viaje a Calcuta, India. Los empleados miraban mis expedientes para ver cuáles vacunas necesitaba. Me vacunaron en contra de toda enfermedad imaginable. Tengo una tarjetita amarilla que enumera las vacunas que me he puesto desde ese entonces, y la tengo que llevar cada vez que salgo del país. El personal del hospital se quería asegurar de que yo no estaba enfermo y que no iba a enfermar a nadie más. Las enfermedades están en todo el mundo. La mayoría de las veces, son parte de la vida.

El diablo también tiene poder para enfermarnos física y mentalmente. Además, está el asunto del cual habló Pablo en 1 Corintios 11:27-32 acerca de aquellos que a través del pecado traen enfermedades a sus vidas. Así que tenemos distintas enfermedades, pero independientemente de por qué estemos enfermos, Santiago señala que oremos.

Yo no sé si Dios sana a todas las personas. La sanidad es un gran misterio, y bastante importante para que Santiago hable de ello. Sí creo que Dios puede sanar sobrenaturalmente. En los versículos 14 y 15 Santiago usa dos pequeñas frases: "ungir... con aceite" y "la oración de fe". Sabemos que es Dios quien sana. No es el aceite ni la oración. Es la obra de Dios la que trae sanidad.

Hay varias maneras de ver la unción con aceite. A veces, se usa en la Biblia para mostrar simbólicamente que Dios está presente. Cuando los ancianos venían y ponían aceite en la frente de alguien, era un símbolo de la presencia de Dios, un recordatorio físico de que Él estaba allí. En los tiempos bíblicos, el aceite también tenía un uso medicinal. Así que, el conocimiento medicinal combinado con el poder de Dios puede traer sanidad a la persona.

Hace años, fui al médico y diagnosticó que tenía pérdida auditiva en mi oído izquierdo. Comencé a usar un aparato auditivo, pero con los años, mi problema empeoró. Hace poco volví a hacerme más exámenes y los doctores descubrieron que tenía pérdida total del oído izquierdo. Como resultado, ahora puedo operármelo para recuperar la audición. Estoy emocionado porque podré escuchar sin tener que usar un aparato auditivo. Dios usó una combinación de medicina y su toque para sanarme.

Pero también hay sanidad que viene sin la medicina ni la intervención de un médico. No ocurre todo el tiempo. Es algo misteriosa. Pero cuando ocurre, revela el asombroso poder de Dios.

Conocí a un pastor muy conservador de una iglesia en Grand Rapids, Michigan. Un día su esposa fue diagnosticada con cáncer en los senos y los doctores dijeron que la única solución era quitárselos.

La iglesia inmediatamente comenzó a orar. Y como había una actividad evangelística en ese tiempo, las otras iglesias y pastores también se unieron a orar. Todos oraban por ella. Había miembros de iglesias bíblicas, bautistas, pentecostales; toda clase de gente oraba por la esposa del pastor.

La mañana que debía operarse, mientras las enfermeras la preparaban, la mujer sintió algo diferente en su cuerpo. Así que les pidió a las enfermeras que la revisaran y, al hacer otros rayos X y otros exámenes, se dieron cuenta de que el cáncer había desaparecido y no había dejado rastro. Los doctores declararon un milagro.

Unos días más tardes me encontré con el esposo de la mujer y fue interesante ver su reacción. Estaba feliz y emocionado, claro, de que su esposa estuviera sana, pero también estaba muy perplejo porque parte de su teoría fallo y ahora no sabía qué hacer. Dios sana. Dios si va más allá de lo que podemos imaginar, como nos dice Pablo en Efesios 3:20.

Sé qué clase de gente quiero que ore por mi cuando esté enfermo. Quiero que ore gente que crea que Dios puede hacer lo sobrenatural y que puede ir más allá de lo que imaginamos. Quiero que ore gente que diga: "Dios, creemos que puedes hacer esto, y en fe te pedimos que lo hagas".

Escribí un libro titulado *En Dios creemos...Pero sólo como último recurso.* A veces, esa es nuestra mentalidad. Primero tratamos todos los medios antes de rendirnos e ir a Dios. Santiago nos dice que primero debemos orar. Esta vida cristiana significa caminar por fe, no por vista (ver 2 Corintios 4:7), y por eso debemos cuidar de no apartar a Dios.

Orar por los que se apartan

Una señora en mi iglesia tiene un hijo que se apartó de Dios. Ella me pidió en una ocasión: "Cada vez que veas un caballo o un remolcador de caballos, por favor, ora por mi hijo".

Sus palabras me bendijeron. Ella halló algo que la ayudaría a recordar orar consecuentemente por su hijo apartado.

Oramos por los que sufren y por los enfermos; también deberíamos orar por aquellos que se han apartado de la verdad. Una vez más, tenemos que creer que Dios puede hacer mucho más de lo que pedimos o imaginamos.

A menudo los que se apartan no quieren regresar porque piensan que tendrán que cambiar algo o hacer cosas que no quieren. Prefieren vivir una vida egocéntrica. Debemos recordar que sólo Dios cambia los corazones.

Al mirar mi vida en relación con lo que Santiago dice, me doy cuenta de que soy como otros cristianos: Todos necesitamos que Dios nos ayude a redescubrir su poder para que nos ayude a redescubrir el ministerio del Espíritu Santo y a nuestro Salvador, Jesucristo, a través de la alabanza, las experiencias de la vida y el estudio de su Palabra. Porque a la hora de la verdad, todos queremos decir: "Sí, esta vida con Dios es verdadera".

A eso es a lo que se refiere Santiago. Él nos pregunta a cada uno: "¿Te estás dejando llevar por la marea, o tu vida es algo real, algo que va más allá de la experiencia dominical? ¿Has experimentado verdaderamente a Dios? Si lo has hecho, ¿estas tocando a otra persona con su amor?".

¿Es eso real? Esa es una gran pregunta, una que no puedo contestar por usted, así como usted no puede contestarla por mí. ¿Es verdadero para usted?

GUÍA PARA EL LECTOR

Para la reflexión personal o la discusión en grupo

Capítulo 1

1. "Una existencia despreocupada, sin pruebas, es menos que imposible." Si esto es verdad, ¿por qué tanta gente, incluyendo a los cristianos, tratan tan fuertemente de evitar el dolor y el sufrimiento?
2. "[Santiago] quería recordarles que aunque las pruebas eran inevitables, podían elegir cómo iban a responder a los tiempos difíciles." Lea las palabras de Jesús en Mateo 5:12. ¿Cuáles son nuestras razones para decidir responder con gozo en el sufrimiento?
3. "Durante la prueba, elija el gozo, no contamine ese estado mental mezclándolo con temor o preocupación o inquietud." ¿Cómo puede decidir estar gozoso en una prueba que esté experimentando?
4. "Santiago afirma que tengamos nuestras tribulaciones por sumo gozo porque Dios está trabajando en nuestras vidas haciendo algo asombroso." ¿Cuándo ha visto usted a Dios usar una situación difícil para hacer lo imposible en su vida? ¿Cómo puede mantener esa perspectiva durante una prueba?
5. "Pero, si nos enfocamos en lo eternal, podemos considerar el resultado final que Dios ha planeado para nosotros y regocijarnos." Lea 1 Pedro 1:6-8. ¿Cómo puede permanecer consciente del "gran cuadro" que Dios tiene para usted?

6. "¿Veremos nuestras tribulaciones como el medio que Dios usa para acercarnos más a Él y decir: 'Sí, Señor, acepto la prueba. Quiero aprender lo que quieras enseñarme a través de esta situación'?" ¿Le ha pedido al Señor que le enseñe lo que quiere que aprenda a través de sus tribulaciones actuales? Si no lo ha hecho, ¿lo haría ahora?

Capítulo 2

1. "Lo que Dios desea de nosotros es ese vacío que está en una búsqueda genuina de su sabiduría." ¿Está usted experimentando vacío? Si es así, ¿está buscando genuinamente la sabiduría de Dios para su vida hoy?
2. Lea Mateo 7:7-11. ¿Realmente cree que Dios le dará su sabiduría si se la pide? ¿Qué creencia subyacente le impide orar por la plenitud de la sabiduría divina?
3. "La Biblia ordena que persigamos la sabiduría, que la busquemos." ¿Cómo puede este hecho cambiar sus oraciones durante las tribulaciones?
4. "Pedir sabiduría es un hábito que se ha formado por el uso constante." ¿Quién o qué lo capacitará a desarrollar este hábito de pedir sabiduría?
5. "En este pasaje, Santiago está diciendo que sin fe no podemos esperar ganar sabiduría." ¿Qué dice Santiago 1:3-4 que es el resultado (o propósito) de las tribulaciones?" ¿Qué tiene que ver nuestra fe con la sabiduría de Dios?
6. "Para que Dios nos dé sabiduría, debemos actuar en fe y valorar nuestra relación con Él como lo más importante en este mundo." ¿Cómo se alínean sus prioridades con esta declaración? ¿Qué cambios diarios puede comenzar a hacer para colocar su relación con Dios como su primera prioridad?
7. "[Dios] sabe si nuestro corazón está dividido o si es completamente suyo." ¿Está su corazón dividido o es completamente de Dios? ¿Cree que Él es capaz de cambiar un corazón dividido e inestable en uno rendido totalmente a Él?

Capítulo 3

1. "Escuché hablar a este hombre acerca de su vida de una manera gozosa. Aun cuando había perdido mucho… tenía gozo porque

sabía que era hijo del Rey." Si usted perdiera todo lo que posee, ¿estaría su vida aún caracterizada por el gozo? ¿Por qué?

2. "Podemos regocijarnos en las tribulaciones, aun en aquellas que hicieron que perdiéramos riquezas terrenales, porque Dios nos conoce y nos ama, y no nos abandona." ¿Cree que Dios cuida de cada aspecto de nuestras vidas, incluyendo nuestras necesidades financieras?
3. "'No podéis servir a Dios y a las riquezas' (Mateo 6:24)". Échele una mirada a su libreta de cheques, a sus preocupaciones del día a día, a la manera en que aborda su trabajo. Basado en esas cosas, sinceramente, ¿a quién o a qué sirve usted?
4. "Usted no tiene que ser víctima del sueño americano. No tiene que escuchar lo que el mundo le dice que debe tener y poseer para poder ser exitoso." ¿Cuáles son las diferencias entre una vida tipo "sueño americano" y una de servicio a Dios? ¿Cómo influyen esas diferencias en sus metas económicas?
5. "Un día, todos nosotros, el rico y el pobre, vamos a pararnos delante del trono y Dios no sólo mirará lo que hemos hecho, sino también cómo hemos usado nuestros recursos." Si usted se parara delante del trono de Dios hoy o esta noche, ¿estaría Él agradado con la manera en que usted ha estado usando los recursos que le dio?
6. "Estamos viviendo en este mundo; pero, lo que sucede aquí, afecta al próximo mundo." ¿De qué maneras se puede recordar a sí mismo el significado eterno de las decisiones de hoy, especialmente en el área de las finanzas?

Capítulo 4

1. "Siempre estamos buscando a alguien a quien culpar, y esta declaración nunca es tan verdadera como cuando se trata de nuestros propios pecados y fracasos." ¿Tiende usted a culpar a otros por los pecados en su propia vida?
2. "Hemos fallado el blanco de la perfección de Dios. Eso es lo que hace el mensaje de la cruz algo tan glorioso". ¿Qué es lo que hay en la cruz que nos ofrece esperanza frente a nuestros pecados?
3. "Hemos clasificado en nuestras mentes lo que es un pecado malo y lo que es uno aceptable. ¿Hay pecados que Dios odia más que otros?" ¿Se encuentra usted "clasificando" el pecado,

etiquetando sus debilidades como pecados "aceptables"? Si es así, ¿está dispuesto a pedirle a Dios que transforme su visión del pecado para que sea como la de Él?

4. "Jesús dijo que estas cosas que están dentro de nosotros son lo que nosotros somos realmente. Algunas veces, me miro en el espejo y puede ser que me guste lo exterior; pero no me gusta lo que sé que hay adentro. Puede ser muy espantoso enfrentar el pecado propio." ¿Le gusta lo que hay dentro de usted? Si no es así, ¿está dispuesto a cambiarlo?
5. "La santidad [de Dios] abarca la pureza moral, la belleza ética y la perfección moral." ¿Cómo ve la perfección moral de Dios nuestros "pequeños" pecados (mentiras blancas, chisme, violar las leyes de tránsito, etc.)?
6. "Algunas veces, los pecados en nuestras vidas nos hacen querer correr y escondernos de Dios. Reflexionamos en nuestras vidas y vemos nuestros defectos, y nos asustamos." ¿Qué es lo que hay en Dios que nos permite acercarnos a Él con cualquiera que sea el pecado que estemos cometiendo?

Capítulo 5

1. "Todos somos tentados, ya sea para pensar en algo malo, decir algo malo o hacer algo malo." ¿Cuáles son sus más grandes áreas de tentación? ¿Cómo el identificar sus debilidades le ayudará a protegerse contra el entrar voluntariamente en situaciones tentadoras?
2. "[Joni Eareckson Tada] dijo que Dios no le da vacaciones a nuestra moralidad. No es correcto coexistir pacíficamente con la tentación en nuestras vidas." ¿Está usted coexistiendo pacíficamente con la tentación? ¿O lidia con ella pronto?
3. "La gente estaba bajo mucho estrés, así que se volvieron al crimen como una liberación de sus situaciones... Como creyentes, debemos ser especialmente cuidadosos en tiempos estresantes, porque durante ellos la tentación puede bombardearnos aun más de lo usual." ¿Qué protecciones ha establecido (o establecerá) para protegerse de pecar en tiempos de estrés?
4. "El pecado sucede cuando cedemos a la tentación. Es ahí cuando nos metemos en problemas. Generalmente, comienza pequeño; pero, cuando crece, puede destruir nuestras vidas." ¿Conoce a alguien que haya permitido que la tentación le llevara al pecado

y, al fin, a la "muerte" (de una carrera, un matrimonio, una profesión, etc.)? ¿Qué pecados pequeños en su vida necesitan ser tratados para que esto no sea verdad en usted?

5. "Necesitamos equilibrar nuestras vidas de manera que tengamos tiempo para Dios, porque, sin esa relación, no tendremos resistencia contra la tentación." ¿Cómo puede asegurarse de que su vida esté equilibrada, de manera que tenga la fortaleza de Dios para resistir la tentación?

6. "He tenido demasiados amigos cuyas vidas han sido destruidas porque pensaron que no iba a estar mal que pecaran... Sí, Dios entiende nuestras debilidades, pero nos da poder para vencerlas." ¿Le ha pedido a Dios que le dé poder para resistir la tentación en sus áreas débiles? Si no lo ha hecho, ¿está dispuesto a hacerlo ahora mismo?

Capítulo 6

1. "No se engañe pensando que de alguna forma Dios está tratando de confundirlo y destruirlo. Él tiene cuidado de usted aun más de lo que un padre terrenal tiene de sus hijos." ¿Conoce a algún padre que, entusiastamente, tome cuidado de sus hijos? ¿En qué sentido el cuidado de Dios supera hasta el amor paternal más fuerte?

2. "Dios no nos da tentaciones. Nos da dones buenos y perfectos, y nosotros recibimos esos dones cada día." ¿Cuáles son esos dones que Dios nos ha dado específicamente? Haga una lista (¡tan larga como pueda!) de todos los dones, grandes y pequeños, que Dios le ha dado.

3. "Dios nuestro Padre nos está esperando con los brazos abiertos. Está corriendo hacia nosotros y quiere que nosotros corramos hacia Él." ¿En qué manera ha sentido usted los "brazos abiertos" de Dios y su "correr hacia" usted en los últimos meses?

4. "El carácter de Dios no cambia. Él no tiene ninguna sombra. No cambia como las estaciones... En un mundo de incertidumbres, podemos confiar en lo que Dios es." Lea Mateo 7:24-27. ¿Está su vida construida sobre la roca del carácter invariable y fidedigno de Dios? ¿Cómo lo sabe?

5. "Dios nos ha dado un nacimiento espiritual que nos ha hecho personas diferentes." ¿En qué maneras son su vida, su corazón

y su mente diferentes de como eran antes de su nacimiento espiritual?

Capítulo 7

1. "Para algunas personas, escuchar es realmente un don. Quizás usted sea bueno escuchando. Otros, como yo, tenemos que trabajar duro en eso." Si escuchar no es un don natural, ¿cómo puede comenzar a escuchar más de lo que habla?
2. "Francois Fenelon escribió: 'Dios nunca cesa de hablarnos, pero el ruido del mundo por fuera y el tumulto de nuestras pasiones por dentro, nos aturde e impide que lo escuchemos a Él'." ¿Puede usted oír la voz de Dios hablándole? Si no es capaz, ¿cuál pudiera ser la causa del "silencio" (recuerde que Dios nunca cesa de comunicarse con nosotros)?
3. "Primero, estudiamos la Biblia." ¿Estudia usted activamente la Palabra de Dios? Si no lo hace, ¿cómo puede hacer del estudio de la Biblia una parte de su programa diario?
4. "Meditar significa llenar nuestras mentes con la Palabra de Dios y, luego, sopesarla, reflexionar en ella y considerar en qué nos concierne a nosotros." Elija un pasaje de la Escritura para meditar en esta semana, pidiéndole a Dios que la haga real en su vida.
5. "¿Ha tenido usted momentos en los que piensa que el Señor pudiera estarle hablando acerca de algo, pero no está seguro? Le animo a que lo haga de todas maneras. Vea lo que sucede. Pudiera sorprenderse. Permanezca receptivo a la incitación de Dios." ¿Piensa usted que Dios le está incitando a hacer algo en este momento? Si es así, ¿está dispuesto a seguirlo en obediencia?
6. "La parte maravillosa es que usted puede meditar y contemplar mientras cambia pañales, corta la grama o espera en el tráfico. La meditación es algo del corazón." ¿Cómo puede preparar su corazón para meditar en medio de las actividades diarias?

Capítulo 8

1. "La palabra *hacer* significa una acción continua. Hacer lo que Jesús ordena debería ser parte de nuestro estilo de vida."

¿Obedece usted los mandamientos de Jesús de manera continua? ¿Es la obediencia parte de su estilo de vida? ¿Por qué?

2. "Santiago está diciéndole a estos cristianos: 'No estudien simplemente la Palabra. No la vean simplemente. Estúdienla, conózcanla, entiéndanla y pasen esa información a otra persona... La razón de estudiar y meditar en la Palabra de Dios, es para vivirla'." ¿Cómo afecta su estudio personal de la Biblia la vida de otras personas? ¿Pueden otros decir que usted estudia la Palabra de Dios?

3. Lea Mateo 6:1-4. ¿Cómo instruye Jesús a que hagan buenas obras? ¿De dónde viene nuestra recompensa, de los hombres o de Dios?

4. "Los verdaderos seguidores de Jesús obedecen *todos* sus mandamientos." ¿Está obedeciendo las enseñanzas de Jesucristo? O, ¿está engañándose a sí mismo escuchando simplemente la Palabra?

5. "El verdadero gozo viene cuando decimos: 'Señor, quiero ser hacedor de tu Palabra. Quiero ser obediente a lo que me has dicho que haga'." ¿Tiene usted el verdadero gozo que viene de una vida de obediencia?

Capítulo 9

1. "Santiago está preocupado porque la ceremonia ha venido a ser más importante para la iglesia que el supervisar las bases." ¿Existe esta ambivalencia en su caminar espiritual? Si es así, ¿cómo puede regresar a las bases del amor y el servicio?

2. "Lo que sale de nuestras bocas, las palabras que decimos cuando pensamos que nadie está viendo, revelan nuestros verdaderos colores. Las palabras son como una ventana del alma." ¿Qué se puede ver a través de la ventana de su alma?

3. "Probablemente nunca pondremos los pecados de conversación en una categoría con la inmoralidad o cualquiera de los otros pecados graves; pero, Santiago es muy claro aquí. Si decimos que somos cristianos y nuestras palabras no lo comprueban, nuestra religión es una pérdida de tiempo". ¿Cómo ve usted una lengua sin control? ¿Cómo la ve Dios? ¿Su lengua prueba o refuta su religión?

4. "Ciertamente podemos disfrutar la vida. La separación del mundo tiene que ver con nuestras actitudes, con lo que está en nuestro corazón y lo que es importante para nosotros." ¿Cómo podemos vivir en el mundo pero no ser parte de él?

5. "Dios tiene algo para que cada uno de nosotros hagamos. ¿Lo hemos descubierto? ¿Lo estamos haciendo? ¿Estamos siendo las personas que Dios quiere que lleguemos a ser?" ¿Sabe usted lo que Dios quiere que haga? Si no lo sabe, ¿le pediría que le muestre mientras continúa obedeciéndole? Si es así, ¿está usted persiguiendo de todo corazón ese propósito?

6. "Santiago quiere que nos cuidemos del mundo, porque nuestra misión principal aquí es ser dispensadores del amor de Dios a las personas. Se supone que debemos brillar, ser la luz y elevar a Dios para otros." ¿Cómo resplandece la luz de su vida en el mundo? ¿Cómo quiere que resplandezca?

Capítulo 10

1. "Aun cuando podemos amar a las personas por lo que son, a menudo, es más fácil amar a aquellas con bastante dinero y posesiones." ¿Por qué piensa que esto es verdad? ¿Cuáles son los cambios intencionales que usted puede implementar para amar a las personas por lo que son, sin importar su posición social o dinero?

2. "Es fácil para nosotros decir que somos cristianos cuando nada malo nos está sucediendo." ¿Por qué permite Dios que los cristianos pasen por tiempos difíciles?

3. "Ellos no tienen vínculos con el mundo presente. Así que, de muchas formas, es mucho más fácil estar vinculado con el mundo siguiente." ¿Cómo puede usted dejar algunos de sus vínculos con este mundo para relacionarse con el mundo siguiente?

4. "Santiago les recuerda que lo que ellos valen no viene de estar con gente importante." ¿Dónde encuentra usted su valor personal, en la gente o en Dios?

5. "La gente viene a la iglesia esperando encontrar un lugar al cual pertenecer, un lugar donde adorar y servir; mas, a menudo, lo que encuentran es una casa con grupos de intereses especiales y política eclesial." ¿Qué puede hacer en su iglesia para convertirla en un lugar donde las personas puedan incorporarse, adorar y servir?

6. "Santiago dice que si mostramos favoritismo [acepción]—ya sea dentro o fuera de la iglesia—estamos pecando." ¿Le ha revelado Dios que esta es un área de su vida que necesita ser cambiada? Si es así, ¿cómo puede dejar de pecar de esta manera?
7. "El poder ofrece un sustituto fácil para la difícil tarea de amar. Es más fácil ser Dios que amar a Dios; es más fácil controlar a la gente que amarla." ¿Qué le impide permitir que Dios sea Dios en la vida de otras personas? ¿Qué va a hacer usted para vencer este obstáculo?

Capítulo 11

1. "Mostrar misericordia es un despliegue de amor, y debería suceder de manera cotidiana. Debería ser un estilo de vida." ¿La misericordia que usted muestra comprueba la realidad de Dios en su vida?
2. "Sin embargo, aún es un pensamiento intenso el considerar que un día estaremos parados delante de Dios y le daremos cuenta de nuestras vidas. Ciertamente, es causa de reflexión y autoevaluación." ¿Está preparado para el día del juicio? ¿Qué dirá Dios acerca de su vida y su fe?
3. "Vivimos descuidadamente en muchas áreas porque no estamos gravemente conscientes de nuestro juicio inminente." ¿Cómo podría un entendimiento apropiado del próximo juicio cambiar la manera en que usted elige y vive su vida?
4. "Pero Jesús exige misericordia. La misericordia es un aspecto del amor de Dios." ¿A quién necesita extenderle misericordia hoy? ¿Está usted retardando el obedecer al mandamiento de Jesús de que lo haga? Si es así, ¿está esta acción revelando el amor de Dios?
5. "Si decimos que somos seguidores de Cristo, debemos tratar a las personas de la misma manera, mostrándoles misericordia aun cuando no se la merezcan. Una de las grandes maneras en que podemos mostrarla, es a través del perdón." Lea Mateo 18:21-35. ¿Se comporta usted como el siervo sin misericordia o está su corazón constantemente reflexionando sobre la cuenta cancelada?

Capítulo 12

1. "Santiago dice que las obras hechas por amor son evidencia de la fe, porque la fe es activa." ¿Cómo es de activa su fe?
2. "Al caminar el individuo con Cristo, su vida despliega el fruto del Espíritu a través de sus obras." ¿Prueban las obras en su vida que usted tiene una fe verdadera?
3. "Debemos estar preparados para elegir el cristianismo y comprometernos con las consecuencias de nuestra elección. Esto significa creer no sólo con nuestras emociones, sino también con nuestras voluntades." ¿En qué manera es el cristianismo una elección de su voluntad? ¿Cómo impacta esa elección su diario vivir?
4. "No queremos que alguien nos esté diciendo que debemos hacer. Muy pocos de podamos decir honestamente: Entrego mi todo." ¿Hay alguna área de su vida a la que usted se ha estado aferrando? Si es así, ¿está dispuesto a pedirle a Dios que suavice su corazón para que pueda realmente "entregarlo todo"?
5. "La fe que salva activa el intelecto, las emociones y la voluntad. Ese tipo de fe dice: 'Sí, seguiré a Jesús'." ¿Cómo respalda su voluntad la decisión de su intelecto y sus emociones para seguir a Jesús?
6. "Santiago nos dice que la fe sin obras, la fe sin cambio, la fe sin misericordia, no es una fe verdadera después de todo. Es una fe fraudulenta." ¿Cómo sabe la gente que lo rodea que la fe de usted es real? ¿Qué cambios ha hecho la fe en su vida?
7. Lea Mateo 25:34-40. ¿Para quién dice Jesús que son hechas las buenas obras? ¿Cómo puede usted implementarlas de manera práctica en su vida?

Capítulo 13

1. "Cada mañana que nos despertamos necesitamos fe, para poder permanecer con Jesús en cada situación que nos encontremos." ¿Qué situaciones en su vida esta semana requieren de la ayuda continua de Cristo a su incredulidad?
2. "Si verdaderamente somos seguidores de Jesús, cuando vemos a un hermano o una hermana en necesidad, debemos hacer algo con respecto a esa necesidad." ¿Qué personas en su vida

necesitan que usted cuide de sus necesidades? ¿Qué hará hoy para cuidar de esas necesidades?

3. "La fe de Abraham fue juzgada por sus obras. Cuando Dios le pidió que hiciera lo que parecía impensable, él lo hizo." ¿Qué cosa impensable le ha pedido Dios a usted que haga? ¿Cuidar de la gente necesitada? ¿Deshacerse de sus prejuicios? ¿Regocijarse en las tribulaciones? ¿A qué altura está su fe cuando es evaluada por su reacción a la "instrucción impensable"?

4. "Sin embargo, tristemente podemos vivir año tras año sin tener un nuevo pensamiento acerca de Dios y acerca de su grandeza y majestad." ¿Qué le hace tener grandes pensamientos acerca de Dios? ¿Qué hace que sus pensamientos acerca de Él sean pequeños e insignificantes?

5. "Dios estalla las cajas en las cuales queremos colocarlo. Él es más grande que nuestras mentes finitas; va más allá de lo que podemos pensar o imaginar." ¿Cabe Dios perfectamente dentro de la "caja de Dios" que usted tiene para Él, o le permite que estalle diariamente sus percepciones con respecto a lo que Él es y a lo que hace? ¿De qué maneras puede comenzar a ver auténticamente la grandeza y el poder de Dios?

6. Lea Salmos 135, 136, 138 y 139. ¿Qué nos enseñan estos pasajes acerca del carácter de Dios y de su participación en las vidas humanas?

Capítulo 14

1. "Nuestra fe es importante para activar nuestras voluntades, para motivarnos e inspirarnos a hacer algo por Dios." ¿Qué está usted motivado e inspirado a hacer por Dios? ¿Qué papel juega la fe en sus acciones?

2. "Las emociones son generadas por los pensamientos. Abraham… permitió que sus pensamientos permanecieran en la majestuosidad y poder de Dios, y fue capaz de salir con fe." ¿Dónde habitan sus pensamientos? ¿En los atributos de Dios, o en los suyos propios?

3. "En realidad, tengo tiempos en que estoy bien abajo… Pero, cada vez que esto ocurre, puedo seguir el rastro hasta llegar a mis pensamientos. He tenido pensamientos superficiales o débiles acerca de Dios." ¿Qué o quién enciende en su vida los grandes pensamientos acerca de Dios? ¿Alrededor de qué

maneras intencionales puede elaborar su itinerario de forma que traiga su mente de nuevo a Dios?

4. "La fe viva es esa fe que hace que salgamos, esa fe que hace que activemos nuestras voluntades en obediencia a Dios." ¿Cómo demuestra su fe que está "viva"?

5. "Mientras intentemos controlar a Dios, nuestra fe está estancada. Es cuando Él nos lleva a las aguas profundas que nuestra fe crece." Piense en una situación difícil que haya enfrentado recientemente. ¿Cómo creció su fe a través de esa experiencia?

6. "Dejamos de soñar porque no creemos que Dios pueda hacer realmente lo que estamos imaginando. Pensamos que el Dios de la Biblia se fue, que no hace más milagros." ¿Qué sueños tendría usted para su vida si creyera que Dios realmente puede hacer cualquier cosa? ¿Qué le impide creer en su poder milagroso?

7. "Si no podemos apuntar a un momento o a una situación en la que vimos a Dios hacer algo por nosotros, nuestra fe no está creciendo. Necesitamos estar en situaciones en las que la única salida es con la ayuda de Dios." ¿Qué pasos audaces de fe le está pidiendo Dios que dé ahora mismo? ¿Le ha pedido a Él que le ayude en la medida que usted obedece?

Capítulo 15

1. "Ya sea en el salón de clase, en el trabajo, en la casa, al tratar con la gente diariamente, todos estamos enseñando." ¿A quién le "enseña" usted con regularidad?

2. "No vamos a ser mejores cristianos porque tengamos más conocimiento." ¿Cómo puede actuar basado en el conocimiento que ya tiene?

3. "No importa cuán viejos seamos o cuán conocedores nos volvamos, siempre podemos continuar aprendiendo y creciendo." ¿Está su fe creciendo continuamente? Si no es así, ¿qué está inhibiendo ese crecimiento?

4. "En 1 Juan 2:5-6, el escritor dice acerca de Jesús: "Por esto sabemos que estamos en él. El que dice que permanece en él, debe andar como él anduvo." ¿En qué áreas camina usted como Jesús? ¿En cuáles necesita cambiar y madurar?

5. "Demasiados de nosotros hemos dejado de intentar aprender. Estamos estancados, así como aquellos estudiantes de alfarería,

tratando de hacer la vida perfecta." ¿Cuál es la "vida perfecta" de acuerdo a los estándares de Dios? ¿En qué difiere ésta de la vida por la cual usted está luchando?

6. Lea Mateo 5:19. ¿Qué dijo Jesús acerca de aquellos que quebrantaban sus mandamientos y enseñaban a otros a hacer lo mismo? ¿Qué dice acerca de aquellos que practican y enseñan sus mandamientos?

Capítulo 16

1. "Ellas tienen el poder de animar y de desanimar, de liberar y de manipular. Aun cuando no pueden ser vistas o sentidas físicamente, su poder es inmenso." ¿Puede usted recordar algunos momentos esta semana cuando las palabras dichas por usted, o a usted, tuvieron un impacto en su vida? Si las hubo, descríbalas.

2. "La lengua no actúa por sí misma. Nuestras palabras vienen de una fuente más profunda: nuestros corazones." ¿Qué revelan sus palabras (y su tono de voz) acerca de la condición de su corazón?

3. "Si producimos palabras de vida, y si nuestras palabras traen sanidad y ánimo a las personas, esas palabras regresarán también a nosotros." ¿Puede recordar algún momento cuando necesitó una palabra de ánimo, esperanza o sanidad? ¿La recibió? ¿Cuándo puede usted dar "palabras de vida" a otros?

4. "Lo que decimos durante nuestras vidas es, a menudo, por lo que seremos recordados después que muramos." Si usted muriera hoy, ¿qué dirían sus palabras acerca de la persona que usted fue y de la vida que vivió?

5. "Las palabras son potentes y poderosas. Pueden inspirar esperanza o destruir sueños. Pueden comenzar una guerra o sanar un corazón." ¿Piensa usted en el poder de las palabras antes de pronunciarlas? ¿Debería? Si es así, ¿por qué?

6. "Nosotros damos instrucciones con nuestras palabras. Reflexiono en mi vida y me pregunto: *¿Cómo soy en eso de dirigir a otras personas?*" ¿La gente se debilita o prospera bajo la dirección de sus palabras? ¿En qué forma?

Capítulo 17

1. Lea Mateo 7:16-20. ¿Qué comunican sus palabras (fruto) acerca de lo que usted es como persona?

2. Lea Proverbios 26:20. ¿Cuál es la mejor manera de terminar las peleas y disensiones a su alrededor?

3. "Desde los programas de entrevistas radiales hasta los comerciales de televisión y los debates políticos, nuestra conversación es frecuentemente negativa y de crítica." Como cristianos, ¿cuán diferente debe ser nuestra conversación? ¿Por qué debe serlo?

4. "Y cada vez que se repite, el chisme es transformado hasta que apenas se parece al comentario original." ¿Cómo puede impedir que el chisme se salga de las manos en su propia vida?

5. "Por desdicha, chismear se hace generalmente con la intención de hacerle daño a alguien. Compartir información acerca de la vida de otra persona casi siempre parece ser negativo." Lea Mateo 22:37-40. ¿Cómo podemos practicar el segundo gran mandamiento cuando estamos tentados a chismear o confrontados por el chisme?

6. "Puede que haya comenzado hace diez o veinte años, pero el nuevo pastor aún puede oler los efectos persistentes de ese fuego. Él puede ver las consecuencias permanentes del chisme y la difamación." ¿Cómo ha afectado el chisme y la calumnia su vida? ¿Por qué es importante limitar las cosas que usted dice acerca de otras personas?

7. "Por otro lado, todos nosotros hemos conocido personas que nos han animado en algún momento. Una palabra de aprobación o afecto puede ser tan poderosa como una palabra de chisme o calumnia." ¿De qué maneras específicas puede usted usar su lengua hoy para el bien y no para el mal?

Capítulo 18

1. "[La sabiduría] está tomando el conocimiento, las cosas que sabemos, y las está aplicando a nuestras vidas para hacerlas mejores, para alinearlas más con lo que el Señor quiere que seamos y como Él quiere que actuemos." De acuerdo a esta definición, ¿cuán sabio es usted?

2. "La sabiduría humana nace del puro egoísmo. Su preocupación es alcanzar, avanzar en la vida". ¿Ha hecho la sabiduría humana que usted envidie las posesiones, posiciones o personalidades de otra gente? Si es así, ¿qué debería hacer al respecto?

3. Lea Lucas 9:23-25. ¿Cómo se compara la sabiduría de Jesús con la humana? ¿Cuál tipo de sabiduría caracteriza su vida?

4. "Hay un costo por seguir a Jesús. Él no nos enseña simplemente para que tengamos una idea abstracta, teórica, a seguir." ¿De qué maneras prácticas necesita seguir a Jesús, en lugar de simplemente "creer en Él" teórica o abstractamente?

5. "Usted puede estar en una situación en la cual la sabiduría humana lo ha influenciado para que crea una mentira y ahora necesita la sabiduría de Dios." ¿Está enfrentando una situación como esa? Si es así, ¿le ha pedido a Dios que le dé de su sabiduría?

6. "Dios no nos salvó y redimió para que podamos vivir en la tierra acumulando cosas y digamos: '¿No es la vida grandiosa?'." ¿Cuál es el propósito de su vida? Si no lo sabe, ¿le ha pedido a Dios la sabiduría prometida en Santiago 1:5?

Capítulo 19

1. "Este pasaje en Santiago significa tanto para mí personalmente, porque me encuentro en gran necesidad de la sabiduría de Dios". ¿En cuál(es) área(s) de su vida necesita la sabiduría divina de una manera específica?

2. "La motivación de lo que hacemos y de las decisiones que tomamos, debe ser pura." ¿Qué lo motiva a usted a servir al Señor? ¿Son esas motivaciones puras?

3. "Una persona considerada no es de espíritu innoble o retraído. Es una persona que quiere extenderse con gentileza hacia aquellos que no conocen a Jesús." ¿Cómo trata usted a los no creyentes?

4. "Ser sumiso es ser dócil y dispuesto a cambiar, dispuesto a decir: 'Estaba equivocado en esa situación, lo siento'." ¿Pueden otras personas acercarse a usted, o guarda usted resentimiento?

5. "Algunos creyentes tienen una apariencia de bondad en sus acciones y en la manera en que tratan a otros, pero les falta la sinceridad y autenticidad que deben distinguir a los verdaderos seguidores de Cristo." ¿Cómo se compara su "apariencia

cristiana" con lo que sinceramente es? ¿Qué le impide ser auténtico con el cuerpo de Cristo?

6. "Sólo [Dios] puede ayudarnos a abandonar esas áreas en nuestras vidas en las que hemos estado usando la sabiduría humana y no su sabiduría." ¿Cuáles son esas áreas en su vida? ¿Le ha pedido a Dios que reemplace la sabiduría humana con su sabiduría?
7. Lea Mateo 5:3-12. ¿Qué tipo de personas llamó Jesús bendecidas? ¿Describe esa lista su vida?

Capítulo 20

1. "En lugar de estudiar la Palabra de Dios y ser edificados, estaban tratando de imponerse, peleando sobre qué posiciones ocupaban." ¿Ocurre esto en su vida?
2. "En vez de ser conocidos por el amor que tenían el uno por el otro … eran conocidos por el pleito, el odio y la discordia." ¿Por qué es usted conocido en sus interacciones con otros cristianos?
3. "La frase 'amistad con el mundo' significa ser aprobado por el mundo." ¿Tiene usted amistad con el mundo o con Dios? ¿Cómo lo prueba su vida?
4. "El enemigo tiene una meta y es separarnos de Dios. Él no puede quitarnos la salvación, pero quiere que no tengamos una vida de oración, ni intimidad, ni que caminemos con Dios, ni poder, ni interés en las cosas espirituales." ¿Cree usted que el diablo existe como mentiroso y engañador, tratando de separar a la gente de Dios? ¿Está consciente de su presencia y de sus ardides malévolas?
5. "Para muchos de nosotros, todo lo que sabemos de Dios es lo que hemos leído. Hemos leído acerca de su poder, su omnipotencia y lo que ha hecho en el pasado, pero no lo hemos observado ni experimentado personalmente." ¿Cómo observa y experimenta a Dios en persona, en lugar de poseer simplemente un conocimiento acerca de Él?
6. "Dios lo dijo bien claro, que si verdadera y sinceramente lo buscamos, ciertamente lo encontraremos… Debemos tener pasión por buscar a Dios, por verlo hacer cosas milagrosas." ¿Cuán apasionada es su búsqueda de Dios? ¿Qué lo impulsa a buscarlo?

Capítulo 21

1. "Aquí Santiago habla de aquellos que son arrogantes y ricos, los que están haciendo planes y calculando sus vidas sin Dios." ¿Cómo incluye (o no) usted a Dios en los planes y preparativos de su vida?

2. "Aun en nuestra compleja vida, cuando tenemos que pensar acerca de muchas cosas, somos necios si olvidamos lo que va a suceder al final." ¿Cómo cambia el pensamiento acerca de la eternidad su vida en el tiempo presente?

3. "Aquí Santiago está llamándonos a que entendamos seriamente que nuestras vidas están en las manos de Dios. No importa los planes que hagamos, Dios enumera nuestros días. Él conoce el final; nosotros no." ¿Considera sus días "numerados"? ¿Cómo cambiará esta perspectiva apropiada su estilo de vida o sus metas?

4. "Yo entiendo una cosa: cuando muera, moriré solo. Allá me pararé yo solo delante del Señor." ¿Cuán preparado está usted para el día en que se pare solo delante del Dios Altísimo?

5. "Al final, nuestras vidas terminarán y, entonces, lo que importará es si conocemos o no a Cristo como Salvador." ¿Conoce a Jesús como su Salvador personal? Si no es así, ¿ha considerado si está preparado para la eternidad?

6. "Pero, para aquellos de nosotros que hayamos confiado en Cristo como Salvador, no necesitamos temer a la muerte. Tenemos la esperanza bendita de que cuando nuestro tiempo en la tierra se acabe, tenemos un hogar celestial perfecto." Como cristiano, ¿le teme usted a la muerte? Si es así, pídale a Dios que le dé una perspectiva eterna de su vida.

Capítulo 22

1. "El dinero nos habla de lo que valoramos, de lo que estimamos, de lo que es importante para nuestras vidas. El dinero habla acerca de nuestro corazón." ¿Qué dice su dinero acerca de lo que usted valora, acerca de lo que es importante en su vida, acerca de la condición de su corazón?

2. "Pero a Dios no le gusta cuando dependemos de nuestros ahorros para que nos saquen del apuro, cuando ponemos nuestra confianza en nuestros ahorros más que en Él." ¿De dónde viene

su seguridad? ¿Confiaría en Dios más o menos si usted perdiera su dinero?

3. "Otra palabra para acumulación es *avaricia*. Algunas veces, sabemos que hay avaricia en nuestras vidas; pero, otras ni siquiera la reconocemos." ¿Hay avaricia en su vida? ¿Cómo puede cambiar la avaricia por generosidad?
4. "La manera como usamos el dinero que Dios nos ha dado, habla mucho acerca de nuestras prioridades. El dinero también nos dice si somos honestos o deshonestos con lo que se nos ha dado." ¿Cómo queda parado su carácter cuando sus hábitos y prácticas de dinero son examinados?
5. "Podemos ser deshonestos sencillamente con no darle de vuelta a Dios lo que realmente le pertenece. Dios no sugiere simplemente que le demos, lo ordena." ¿Obedece usted este mandamiento pese a su situación financiera?

Capítulo 23

1. "Estamos viviendo en un mundo malvado, rodeados de gente que no conoce a Jesús, así que nos damos por vencidos." ¿Es usted apático hacia las personas perdidas que conoce?
2. "No pensamos en términos de '¿Qué haría Jesús?' Pensamos en términos de '¿Qué puedo yo hacerles en retorno?'." ¿Es esto verdad en su vida, en sus interacciones con otras personas?
3. "Paciencia no es simplemente sentarse y no hacer nada. Paciencia, perseverancia y resistencia tienen que ver con pasión y mantenerse en curso." ¿Está su paciencia marcada también por una obediencia que lo mantiene en curso?
4. "¿Quc significa csperar en el Señor? Significa tener un oído que escucha, un corazón sensible y una concentración espiritual, esperando por su dirección en nuestras vidas." ¿De qué manera está esperando usted en el Señor en este preciso momento? ¿Está escuchando, siendo sensible y concentrado en su dirección?
5. "Por cuanto estaban esperando con tanta diligencia que Jesús regresara, esa expectativa afectó la manera en que ellos vivían y pensaban." ¿Cuán a menudo piensa acerca del regreso de Cristo? ¿Cuán diferente sería su vida si eso estuviera siempre en su mente?

6. "Si no estamos interesados en llegar a ser más como Cristo, y si no estamos interesados en llegar a ser las personas que comparten su luz con otros, entonces nuestro cristianismo es una farsa." ¿Es su fe cristiana auténtica o una farsa? ¿En qué manera?

Capítulo 24

1. "¿Cómo vivir así? ¿Cómo obedecemos? ¿Cómo soportamos los tiempos duros? Santiago dice que todo regresa a nuestra relación con Dios y el tiempo que pasamos en oración. La esencia de la vida del cristiano es la oración." ¿Cómo vive usted una auténtica vida cristiana? ¿Es a través de la oración?

2. "Santiago nos recuerda una vez más que resistir viene a través de la oración. La paciencia viene de Dios y la oración es la manera de obtenerla." Piense en una prueba o en un momento difícil que usted esté pasando en estos momentos. ¿Ha orado por paciencia y resistencia en medio de ella?

3. "Aflicción es la esencia del crecimiento... El verdadero crecimiento viene de la adversidad, la aflicción y el sufrimiento." ¿Cómo cambia esta verdad la manera en que usted ora por otras personas que están pasando tiempos difíciles?

4. "Quiero gente orando que realmente crea que Dios puede hacer lo sobrenatural y que Dios puede ir más allá de lo que pensamos e imaginamos." ¿Cree que Dios tiene poder para sanar sobrenaturalmente a las personas? ¿Va usted a Él con esa fe cuando alguien que conoce está enfermo?

5. "Primero intentaremos todo antes de rendirnos e ir a Dios. Santiago nos está diciendo que primero debemos orar." ¿Se encuentra usted intentando todo lo demás antes de ir a Dios? ¿Cómo puede cambiar de manera que ponga a Dios de primero en su vida?

6. "Ella eligió algo que la ayudara a recordar orar consecuentemente por su hijo descarriado." ¿Conoce usted de alguien que realmente necesite de sus oraciones? Piense en un objeto o evento (tal como una señal de ceder el paso, la casa de alguien o un olor particular) que pueda recordarle orar consecuentemente por esa persona.

7. "Tenemos que recordar que sólo Dios puede cambiar los corazones." Pídale a Dios que primero cambie su corazón, que

le dé pasión por los perdidos, los enfermos y los heridos. Luego, pídale que cambie sus corazones para que lo pongan a Él en el trono de sus vidas.

NOTAS

Introducción

1. Charles Templeton, *Farewell to God*, Toronto, McClelland and Stewart Ltd., 1999.
2. 2004 encuesta realizada por Gallup Organization, basada en 12,043 entrevistas. Máximo margen de error ±3 puntos, publicada en: www.gallup.com/poll/content/default.aspx?ci=14410. Copyright © 2005-The Gallup Organization.

Capítulo 1

3. Albert Ellery Bergh, ed., *The Writings of Thomas Jefferson: The Memorial Edition*, 19 volúmenes, http://www.constitution.org/tj/jeff.htm.
4. James Strong, *Concordancia Exhaustiva de Strong* (Nashville: Abingdon, 1890), "Diccionario griego del Nuevo Testamento," s.v., "testing," entry #1383 dokimion, p. 24.
5. William Barclay, *The Letters of James and Peter* (Louisville: Westminster John Knox Press, 1960), p. 51.
6. Oswald Chambers, "October 25: Submitting to God's Purpose," in *My Utmost for His.Highest* (New York: Dodd, Mead, & Company, 1935), p. 299.

Capítulo 2

7. Helen Keller, "Three Days to See," *The Atlantic Monthly*, 151 (January 1.933), pp. 35-42.

Capítulo 3

8. Carroll E. Simcox, *3,000 Quotations on Christian Theines* (Grand Rapids, MI: Baker Book House, 1988), p. 96.

Capítulo 4

9. C.S. Lewis, *Mere Christianity* (New York: Harper Collins, 2001), 192.
10. Nancy Gibbs, "The Secret of Life," Time, February 17, 2003.
11. Westminster Confession of Faith, "Chapter 11," Dominio público. Quoted in http://www.reformed.org/documents/wcf with__proofs.

Capítulo 5

12. Mark Water, *The New Encyclopedia of Christian Quotations* (Grand Rapids, MI: Baker Books, 2000), p. 925.
13. Joni Eareckson Tada, *Secret Strength: For Those Who Search* (Portland, OR: Multnomah Press, 1988), p. 30.
14. Dietrich Bonhoeffer, *Creation and Fall/Temptation: Tioo Biblical Studies* (New York: Touchstone, 1983), p. 132.

Capítulo 6

15. Henri Nouwen, *The Return of [he Prodigal Son* (New York: Image/ Doubleday, 1994), pp. 95-96.
16. Richard Hammer, "Our Wonderous Heavens," in *The Christian Reader*, diciembre de 1985.
17. James S. Hewett, *Illustrations Unlimited* (Wheaton, IL: Tyndale House Publishers, 1988), p. 93.

Capítulo 7

18. Mark Water, *The New Enctilclopedia of Christian Quotations* (Grand Rapids, MI: Baker Books, 2000), p. 614.
19. *Merriam-Webster's Collegiate Dictionary*, 10th ed., s.v. "contemplar" y "contemplación."
20. Joyce Huggett, *The Joy of Listening: Hearing the Many Ways God Speaks to Us* (Downers Grove, IL: InterVarsity Press, 1986).
21. Mark Water, *The New Encyclopedia of Christian Quotations* (Grand Rapids, MI: Baker Books, 2000), 50. 5. Ibid., p. 49.
22. Ibid., p. 49.

Capítulo 8

23. Mark Water, *The New Encyclopedia of Christian Quotations* (Grand Rapids, MI: Baker Books, 2000), p. 694.
24. Rick Manoff, citation paraphrased from "The U.F.O. Controversy," *Rays from the Rose Cross,* March/April 1996, p. 51.

Capítulo 9

25. David McLellan, *Karl Marx: Selected Writings* (Oxford: Oxford University Press, 2000), p. 71.
26. Mark Water, *The New Encyclopedia of Christian Quotations* (Grand Rapids, MI: Baker Books, 2000), p. 858.
27. Wayne Curtis, "The Methuselah Report: Living to be 120 might be attainable, but is it desirable?" *AARP Bulletin*, July/August 2004, http: //www.aarp.org /bulletin/yourhealth /a2004-07-07methuselah.html.

28. Tomado de International Albert Schweitzer Association, publicado online en: www.schweitzer.org/english/ase/asebio.htm.

Capítulo 11

29. Jonathan Edwards, "Pecadores en las manos de un Dios airado" in *The Norton Anthology of American Literature, vol. 1*, (New York: W. W. Norton & Company, Inc., 1979), p. 253.
30. Frank Mead, *The Encyclopedia of Religious Davies*, 1965), p. 301.
31. James S. Hewett, *Illustrations Unlimited* (Wheaton, IL: Tyndale House Publishers, 1988), p. 345.
32. Dottie Enrico, "'Girl' telas whole story of child in that photo," *USA TODAY*, August 10, 2000, p. 6D.

Capítulo 12

33. Martín Lutero, Justificación por fe", Dominio público. Tomado en www.thecaveonline.com /4PEH /reformdocument.html.
34. Judson W. Van DeVenter, "1 Surrender All," *Baptist Hymnal* (Nashville: Convention Press, 1975).
35. Andrew Murray, "Ye Are the Branches" from Absolute Surrender and Other Addresses. (Chicago: Moody Press, 1895). (Dominio público.)

Capítulo 13

36. Mahatma Gandhi. Tomado de http://www.thinkexíst.com/English/Author/x/Author 3569 6.htm.

Capítulo 14

37. *Atlantic Journal*, (June 16, 1833), Dominio público. Tomado de http: //churchlivingspirit.org/Sermons/HowToLiveAlessAnxiousLife. html.

Capítulo 15

38. John Frye, *Jesus, the Pastor* (Grand Rapids, MI: Zondervan, 2000), p. 116.

Capítulo 16

39. Blaise Pascal. Tomado de http://www.nobilitypress.com/quotes/quotes W.html.
40. *The Voice of the Martyrs: Extreme Devotion* (Nashville: W Publishing Group, 2001), p. 74.
41. Arthur Lenehan, *The Best of Bits & Pieces* (Fairfield, NJ: Economics Press, 1994).

Capítulo 17

42. Corinne J. Naden. *The Chicago Fire* (New York: Franklin Watts, Inc., 1969), pp. 2, 22, 50.
43. *Merriam-Webster's Collegiate Dictionary*, 10th ed., s.v. "difamar."

Capítulo 18

44. Mark Water. *The New Encyclopedia of Christian Quotations* (Grand Rapids, MI: Baker Books, 2000), p. 1119.
45. Thomas Watson, Tomado de http: //www.globalprovince.com/computers.htm.
46. Ken Olson, Tomado de http: //www.globalprovince.com/computers.htm.
47. Mark Water. *The New Encyclopedia of Christian Quotations* (Grand Rapids, MI: Baker Books, 2000), p. 932.
48. Bette Midler, Tomado de http: //www.brainyquote.com /quotes /quotes /b /bettemidlel36173.html.

Capítulo 20

49. *Today in the Word* (Moody Bible Institute: June 1988). Publicado originalmente en Personnel Journal.
50. Charles Baudelaire. Tomado de http: //www.quotationspage.com/quote/30777.html.
51. Mark Water. *The New Encyclopedia of Christian Quotations* (Grand Rapids, MI: Baker Books, 2000), p. 1135.
52. Lee Strobel, *The Case for Faith* [El caso de la fe, publicado por Editorial Vida], (Grand Rapids, MI: Zondervan, 2000), p. 255.

Capítulo 21

53. Lou Erickson. Tomado de http://www.borntomotivate.com/LouErickson.html.
54. Dr. Maurice Rawlings, *Beyond Death's Door* (New York: Bantam Books, 1978, reprint 1991).
55. James S. Hewett. *Illustrations Unlimited* (Wheaton, IL: Tyndale House Publishers, 1988), p. 151.

Capítulo 23

56. Philip Eaton. Presidential Prayer Letter, agosto de 2000.
57. Dallas Willard. *Renovation of the Heart: Putting on the Character of Christ* (Colorado Springs: NavPress Publishing Group, 2002), 239.
58. Martin Luther. Tomado de http: //www.sermonillustrations.com / a-z / p /prayer.htm.

59. *The Voice of the Maartyrs: Extreme Devotion* (Nashville: W Publishing Group, 2001), p. 315.

Capítulo 24

60. Mark Water. *The New Encyclopedia of Christian Quotations* (Grand Rapids, MI: Baker Books, 2000), p. 761.
61. Rev. Charles H. Spurgeon. "Salvation of the Lord." Delivered on Sabbath Morning, May 10, 1857 at the Music Hall, Royal Surrey Gardens, Dominio público. Tomado de http://www.spurgeon.org/sermons/0131.htm.
62. Alexander Solzhenitsyn, "A World Split Apart," *National Review Online*, June 6, 2003, http: //www.nationalreview.com/document/document060603.asp.

Acerca del autor y *Eternity Minded Ministries*

Por los últimos veinte años, a lo largo de los Estados Unidos y en treinta y siete países, Daniel Owens ha proclamado el evangelio de Jesucristo y comunicado la necesidad de una renovación individual a cientos de miles de personas.

La revista *Christianity Today* perfiló a Dan Owens como uno de los cincuenta "Prometedores y emprendedores" entre "los muchos discípulos fieles que Dios ha levantado para dirigir la Iglesia hacia el nuevo milenio". Este reconocimiento vino debido a su peculiar habilidad de adaptar sus mensajes contemporáneos para impactar cualquier audiencia. La publicación británica *Evangelism Today* afirma: "Dan Owens tiene un estilo simpático con las palabras y una sonrisa que hace posible decir casi cualquier cosa sin ofender".

Dan Owens también es autor de *Sharing Christ When You Feel You Can't* [Cómo hablar de Cristo cuando sientes que no puedes] y *In God We Trust... But Only as a Last Resort* [En Dios confiamos... pero sólo como último recurso]. Ha ayudado a entrenar a miles de cristianos para construir puentes que comuniquen con el mundo que no asiste a las iglesias. Dan es un conferencista cautivante, apasionado con respecto a comunicar la necesidad de una renovación personal.

Antes de fundar Eternity Minded Ministries, Dan Owens trabajó con la Asociación Evangelística Luis Palau como director de entrenamiento y evangelista asociado por once años.

Dan Owens es graduado del Colegio Universitario Christian Heritage (San Diego, California) y del Seminario Multnomah (Pórtland, Oregón). Conferencista aprobado por Staley para colegios universitarios y universidades, Dan ha sido presentado como orador en Alive, Creation Festival, Spirit Fest Midwest y otros eventos juveniles a través del país y alrededor del mundo.

Bien sea hablándoles a miles de adolescentes en un encuentro, a estudiantes universitarios en una universidad, a adultos en una conferencia de misiones o a familias en un festival, Dan Owens se siente como en casa frente a la gente. Al escuchar a este divertido, dinámico y apremiante orador, ¡las audiencias son movidas a pensar en la eternidad!

Antes de las campañas y festivales, Dan Owens y sus asociados entrenan cristianos en evangelismo amistoso, consejería y seguimiento. Este entrenamiento aumenta la efectividad de la extensión evangelística y equipa a los miembros de la iglesia para evangelizar mucho después de que la cruzada o el festival terminen.

Dan y su esposa, Deb, viven en el área de la bahía de San Francisco. Han estado casados por más de veinticinco años. Tienen tres hijos: Ben (nacido en 1982), Jordan (nacido en 1985) y Taylor (nacido en 1996).

Para más información, comuníquese con:

Eternity Minded Ministries
P. 0. Box 502101
San Diego, CA 92150
(760) 480-8752
info@eternityminded.org

Recursos gratuitos en línea

Asegúrese de conectarse hoy a www.danowens.org para escribir una breve carta a Daniel Owens. A él le gustaría escuchar cómo le ha ayudado este libro a disfrutar ¡una fe más auténtica!

En la página en la red www.danowens.org, usted descubrirá un baúl de tesoros de material gratis del ministerio y noticias actuales de Eternity Minded Ministries. También se puede suscribir para recibir la carta gratuita de noticias del ministerio para que pueda mantenerse en contacto con él, orar por su ministerio e invitarle a hablar en su iglesia o para dictar conferencias.

Usted puede saber electrónicamente cuándo va a estar Dan Owens en su área y escuchar algunos de sus mensajes más populares y programas de radio. También puede pedir un disco compacto gratis.

¡Revíselo hoy!